나를
통째로
바꾸는
독서토론

나를 통째로 바꾸는 독서토론

지은이 정지숙 | 발행인 유재건 | 펴낸곳 엑스북스
주간 임유진 | 편집·마케팅 방원경, 신효섭, 홍민기
디자인 권희원 | 경영관리 유하나 | 물류유통 유재영, 이다윗
등록번호 105-87-33826호 | 주소 서울시 마포구 와우산로 180, 4층
대표전화 02-334-1412 | 팩스 02-334-1413 | 이메일 editor@greenbee.co.kr
초판 1쇄 발행 2020년 3월 20일

엑스북스(xbooks)는 (주)그린비출판사의 책읽기·글쓰기 전문 임프린트입니다. 이 도서의 국립
중앙도서관 출판예정도서목록(CIP)은 서지정보유통지원시스템(http://seoji.nl.go.kr)과 국가
자료종합목록구축시스템(http://kolis-net.nl.go.kr)에서 이용하실 수 있습니다.(CIP제어번호:
CIP2020008930)
책값은 뒤표지에 있습니다. 잘못 만들어진 책은 구입처에서 바꿔 드립니다.
ISBN 979-11-90216-29-6 03370

나를
통째로
바꾸는
독서토론

정지숙 지음

xbooks

달라진 시대, 달라진 책 읽기

불과 10년 전만 하더라도 책을 읽고 나면 전문가나 저자의 해석을 파악하는 일이 중요했습니다. 저자의 핵심 메시지나 집필 의도, 평론가의 평가와 해석을 이해하는 것이 독서의 완성인 것처럼 받아들여지던 시대가 있었습니다. 소위 말하는 '정답' 같은 게 존재한다고 믿었기 때문에 "이럴 땐 어떤 책이 도움이 될까요?", "요즘 읽을 만한 괜찮은 책 없을까요?"라는 질문을 받으면 꽤 쉽게 책을 추천할 수가 있었던 게 사실입니다. 하지만 이제는 전문가의 의견보다는 저마다의 의견이 더 중요한 시대가 되었죠.

사람들은 편하게 SNS에서 자신의 의견을 말하고, 개인방송을 하면서 책리뷰를 하기도 하는 등 전문가나 권위에 기대기보다는 스스로의 해석을 내보이는 것을 두려워하지 않게 되었습니다. 시대가 달라지면서 독자도 달라지고, 이에 맞춰 책 읽기도 달라진 거죠. 물론 전문가의 의미 있고 통찰력 깊은 해석도 좋지만, 책이라는 매개를 통해 개인이 자기 삶에서 요구하는 해답을 각자가 다르게 찾아 가는 것이 더 의미 있고 중요한 일이 아닐까 싶습니다. 저마다 살아온 배경과 책을 읽어 온 역사가 다르고, 감정의 폭과 결도 다 다르니 책을 읽는 사람들마다 각자 울림이 있는 지점이 다른 건 당연한 말이겠지요. 세상을 읽어 내는 관점이 다양해지는 만큼 책을 읽어 내는 관점이 다양해지는 것이 사실입니다. 이를 통해 독자들은 자기 삶을 성장시키는 데 필요한 자양분을 다르게 만들어 내고 있지 않을까요?

저 역시 한 사람의 독자로 책을 읽을 때 저의 관점과 저의 맥락에서 해석을 합니다. 이 책에 실린 여러 권에 대한 해석도 당연히 제 주관적이고 개인적인 것이라 할 수 있습니다. 하지만 동시에 이 책에는 저의 개인적인 이야기 외에도 책을 함께 읽고 대화와 토론을 한 학생, 교사, 학부모 들의 이야기가 담겨 있습니다. 서로의 이야기에 공감하기도 하고 의견을 덧붙이기도 하고 눈물을 훌쩍이기도 한 독서토론의 시간들이 녹아 있지요. 소중한 시간, 소중한 나눔을 함께 해주신 그분들께 감사의 인사를 전합니다. 독서토론을 진행하면서 단순히 책을 읽고 소감을 나누는 것을 넘어, 서로의 마음에 가닿고 대화가 치유에까지 이르는 것을 경험한 후 저는 독서토론 예찬론자가 되지 않을 수 없었습니다. 다른 누구에게도 하지 못한 이야기를 책을 읽은 후 독서토론 자리에서 하게 만드는 힘은 어디에서 나오는 걸까요?

이 책은 제가 독서토론의 힘을 실감하고, 독서토론을 좀 더 많은 사람들과 활용할 수 있는 방법을 고민하는 과정에서 나온 결괴물입니다.

- 토론을 하고 나서 관계가 더 돈독해지고, 치유되는 느낌을 받게 하려면?
- 토론이 일방적으로 자기의 주장만 하는 게 아니라 서로의 다름을 인정하고 수용하는 존중의 커뮤니케이션이 되게 할 순 없을까?
- 토론이 개인의 삶을 바꾸고 성장시키는 동력이 되고, 재미까지 있을 수 있을까?
- 말 잘하고 똑똑한 사람만이 아니라 모두가 부담 없이 참여할 수 있는 토론 방식은?

저 스스로 풀어야 할 과제로 이상의 네 가지 질문을 만들고 이야기식 독서토론에 적용하면서 해결점을 찾아 가는 과정은 독서토론이 가진 파워풀한 에너지를 확인하는 시간이었습니다. 저의 고민과 실험의 결과, 이 이야기식 토론의 강점들을 최대한 살리고 그러한 강점들이 서로 시너지를 낼 수 있는 방법에 대해 1부와 2부에서 구체적으로 담아 보았습니다.

이 책에서는 질문하고 대화하는 활동을 통해 서서히 관점이 확장되고 자신의 삶이 변화되는 실제 사례가 소개됩니다. 실제로 토론했던 책을 중심으로 참여하신 분들이 만든 단계별 질문과, 토론 후 쓴 다양한 유형의 글을 소개하면서 이야기식 독서토론에

동행할 수 있도록 구성을 해보았습니다. 제시된 그림책으로 단계를 따라가며 생각의 차이를 느껴 보고, 자신의 삶에 대해 사색하고 성찰해 보는 기회가 되었으면 좋겠습니다.

한편으로는 소중한 것을 함께 나누고 싶은 바람이 매우 컸음에도, 여기에 담아낸 소박한 글들을 나누는 일이, 실은 여전히 떨리고 걱정이 앞섭니다. 이 책을 쓰는 동안 현장에서 느꼈던 공감과 숱한 감동의 순간을 있는 그대로 담아내기엔 턱없이 부족하기에 그렇습니다. 하지만 책과 더불어 스스로 변화하는 경험을 통해 내 삶을 성찰해 가는 것이 무엇보다 중요하기에 기쁨과 설렘으로 더 많은 사람들과 소통하는 문을 열어 볼까 합니다.

2020년 봄

지금 여기에서 늘 행복한, 정지숙

차례

1부

이야기식
독서토론이 뭐죠?

1장

질문,
대화,
토론이 만나다

토론은
싸움이 아닌 대화

토론을 앞두고 한 학생이 이야기합니다.

"아, 토론하면 또 싸워야 되는데….”

학생들은 왜 토론을 싸우는 걸로 생각하는 걸까요. 어떤 문제
나 상황에 대해 서로 다른 관점을 갖는 것은 지극히 자연스러운
현상입니다. 하지만 자신의 주장만 일방적으로 옳다고 여기는 데
서 종종 문제가 발생합니다. 토론하는 과정을 지켜보면 상대방
주장의 타당성을 검토하기보다는 자신의 입장만 고집하는 태도
로 상대방을 공격하는 데 초점을 둡니다.

정조가 "그렇지 않다”라고 상대방의 말을 일단 부정한 다음 자
신의 논리를 펼친 것과는 대조적으로, 세종은 신하들이 아무리

자신의 의견에 반대하고 비판하는 말을 하더라도, "그래, 네 말이 옳다", "네 말이 아름답다", "그 뜻이 좋다"라며 일단 그들의 말을 수긍하고 자신의 주장을 펴는 화법을 구사했다고 하죠?

세종처럼 관점의 다름과 생각의 차이를 인정하고, 서로를 존중하고 공감하는 대화를 할 수 있는 사람으로 우리 아이들을 성장시키려면 무엇이 필요할까 고민하고 연구하는 과정에서 단비처럼 만난 반가운 친구가 있습니다. 바로 이야기식 독서토론입니다.

이야기식 독서토론은 편안한 분위기에서 친구와 차를 한잔 나누며 일상적인 대화를 하듯이, 서로 질문하고 대화하면서 생각이나 느낌, 의견 등을 나누는 방식의 토론을 말하는데요, 3단계를 순차적으로 밟아 가며 질문하고 대화하는 체계성을 갖추고 있습니다. 단계를 따라가며, 다양한 질문으로 대화하는 체계는 사고의 위계가 다른 여러 유형의 질문들을 자연스럽게 접할 수 있도록 해줍니다.

질문은 과연 얼마만큼의 힘을 지니고 있을까요? 질문 속에 내재된 힘은 삶을 바꾸는 데 도움이 될까요?

질문,
세상을 바꾸는 원동력

신하들의 말을 경청하는 왕이었던 세종은 질문의 대가이기도 했습니다. 세종실록에 용이 나타난 흥미로운 기록이 하나 있습니다. 제주에 사는 한 주민이 용 다섯 마리를 보았다고 하여 세종에게 신속하게 보고가 들어간 사건인데요. 세종은 차분하게 다음과 같은 물음으로 교지를 내립니다.

- 용의 크고 작음과 모양과 빛깔과 다섯 마리 용의 형체를 분명히 살펴보았는가?
- 또 그 용의 전체를 보았는가?
- 그 머리나 꼬리를 보았는가, 다만 그 허리만을 보았는가?
- 용이 승천할 때 구름 기운과 천둥과 번개가 있었는가?
- 용이 처음 뛰쳐나온 곳이 물속인가, 수풀 사이인가, 들판인가?
- 하늘로 올라간 곳이 인가에서 거리가 얼마나 떨어졌는가?
- 구경하던 사람이 있던 곳과는 거리가 또 몇 리나 되는가?
- 용 한 마리가 빙빙 돈 것이 오래 되는가? 잠깐인가?
- 같은 시간에 바라다본 사람의 이름이 무엇인가?
- 용이 이처럼 하늘로 올라간 적이 그 전후에 또 있었는가?
- 용을 본 시간은 언제이며, 장소는 어디인가?

세종의 질문을 자세히 들여다보면 상당히 구체적으로 정황을 살피고 있고, 이치와 순리를 따져 보고 있음을 알 수 있습니다. 세종의 이런 합리적인 질문 방식과 탐구력은 조선의 과학을 당대 최고 수준으로 끌어올렸을 뿐 아니라, 그러한 과학적 사고를 바탕으로 스물여덟 자의 문자 혁명인 훈민정음을 창제했습니다.

"인류의 모든 진보는 새로운 질문에서 비롯되었다"는 변화심리학의 권위자 앤서니 로빈스의 말처럼, 세종처럼 끊임없이 묻고 생각하기를 반복하는 질문의 힘이야말로 세상을 변화시킨 원동력 아닐까요.

토론에 관한
여섯 가지 의문

1. 능숙한 진행자가 이끌어야 성공적인 토론이 될까?

한 사람의 진행자가 토론을 전체적으로 이끌어 갈 경우 진행자의 시의적절한 발문과 논제의 맥을 놓치지 않고 끌어가는 대처 능력이 무엇보다 중요합니다. 이런 경우 때때로 진행자의 역량에 따라 토론의 성패가 좌우되기도 합니다.

'(사)전국독서새물결모임'에서는 독서토론 동아리나 독서토론 대회에서 숙련된 진행자가 준비된 발문과 상황에 적절한 연속적인 발문을 사용하여 토론을 전반적으로 이끌어 가는 방식의 이야기식 독서토론을 오래전부터 해왔습니다.

하지만 교육 현장의 초, 중, 고 일반 학급의 경우, 교사가 아무리 좋은 발문으로 능숙하게 토론을 이끌어 간다고 해도 학생들이 자발적으로 토론에 참여하는 데는 한계가 있습니다. 이런 약점을 보완해 교육 현장이나 독서동아리에서 적용할 수 있게 리뉴얼된 이야기식 독서토론은 기존의 진행 방법에 변화를 주어 토론에 참여하는 전원이 토론리더로서 진행자의 역할을 경험할 수 있습니다. 리뉴얼된 이야기식 독서토론을 진행하고 응용하는 방법은 다음 장에서 구체적으로 살펴보겠습니다.

2. 이겨야 토론을 잘하는 것일까?

경쟁식 토론 과정에서는 흔히 볼 수 있지만, 이야기식 독서토론에는 없는 것이 두 가지 있습니다. 바로 '경쟁'과 '승패'입니다. 흔히 토론이라고 하면 경쟁식 찬반토론을 떠올리게 됩니다. 경쟁식 토론에서는 쟁점과 논제로 자신의 입장에 대해 상대를 설득하고, 이유와 근거를 들어 가며 상대방 논리의 허점을 반박하게 됩니다. 이런 과정에서 경쟁심이 유발되지 않으면 되레 이상하지요.

이야기식 독서토론은 편안한 분위기에서 누구나 자유롭게 생각이나 느낌을 나누는 방식으로 진행됩니다. 이 토론은 상대방과 경쟁하여 토론에서 이기는 데 염두를 두기보다는 상대방의 의견이나 생각을 경청하고 수용하여, 자신의 삶을 균형 잡힌 시각으로 바라보고 성찰하는 데 초점을 두고 있습니다.

3. 토론하면 왜 긴장될까? 토론을 잘하려면?

이야기식 독서토론은 사고활동이 활발하게 일어나도록 도와줍니다. 뇌 과학적인 측면에서 살펴보면, 합리적이고 이성적인 사고를 담당하는 대뇌피질과 감정을 느끼는 변연계는 서로 영향을 주고받기 때문에, 이성적인 사고와 감정은 아주 밀접하게 연결되어 있습니다. 그렇기 때문에 대화를 할 때 감정적으로 편안한 상태를 만들어 주거나 편안함이 유지된 상태면 사고활동이 더 원활하고 왕성하게 일어납니다.

토론 역시 마찬가지입니다. 자신의 생각과 느낌을 정확하고 깊이 있게 전달하기 위해서는, 어떤 말이든 자유롭게 허용되는 정서적 환경이 무엇보다 중요합니다. 이야기식 독서토론은 경쟁식 토론에 비해 분위기가 경직되지 않고 편안하다는 점에서 창의적인 사고도 촉진할 수 있습니다. 내면의 소리를 자연스럽게 발산하도록 도와주어 참여도를 끌어올리고 토론 그 자체에 몰입할 수 있도록 이끄는 장점이 있지요.

4. 토론 후 관계가 더 돈독해지려면?

경쟁식 토론에서는 다소 공격적인 태도로 상대방 논리를 조목조목 비판하게 됩니다. 때론 그런 과정에서 생긴 불쾌한 감정이 불씨가 되어, 토론이 끝나고 나면 서로 관계가 틀어지거나, 다투게 되는 일도 종종 있습니다. 토의나 토론을 하는 궁극적인 목적은 자신의 주장을 끝까지 고집하여 관철시키는 게 아니라, 의견의 일치를 통해 합리적인 의사결정을 하고 바람직한 결론을 이끌어 내는 데 있습니다. 그렇게 하려면 깊이 있는 토론이 이루어져야 하겠죠?

대화와 토론을 깊이 있게 하기 위해서는 마음의 문을 열고 서로 간의 래포(rapport)를 형성하는 것이 매우 중요합니다. 래포가 형성되면 생각과 느낌, 의견을 나눌 때 공감적 인간관계가 구축됩니다. 이야기식 독서토론의 1단계는 책과 관련된 개인의 경험이나 배경지식을 자연스레 나누게 되므로 정서적인 측면이 강합니다. 그렇게 이야기를 하는 과정에서 서로가 느낀 공감은 상호 간의 래포를 형성하는 데 많은 도움을 줍니다.

5. 꼭 책이 아니어도 독서토론을 할 수 있을까?

일반적인 독서토론은 주로 책을 대상으로 하지만, 이야기식 독서토론은 책을 비롯하여 짧은 텍스트, 그림(삽화), 그래프, 카툰, 광고, 포스터, 영상, 영화…. 이 모든 것이 토론의 대상이 됩니다. 저마다의 특징을 갖고 있는 다양한 유형의 자료들은 흥미 있게 토론을 하도록 도와주는 매개가 되기 때문에 어떤 것을 고르더라도 토론자료로 전혀 손색이 없습니다.

영화 포스터와 2분 30초의 예고편 영상, 간략한 줄거리를 담은 핸드아웃 한 장으로 학생들과 '환경'을 주제로 한 이야기식 독서토론을 진행한 적이 있습니다. 토론자료로 제시한 영상은 중국 왕구량 감독이 제작한 「플라스틱 차이나」라는 다큐멘터리 영화입니다. 영화의 파급력은 '폐비닐 수거 거부'라는 헤드라인의 뉴스로 이어졌고, 분리수거에 대한 기준도 엄격하게 바꾸어 놓았습니다. 우리나라에까지 번진 이 사태는 일명 '세계의 쓰레기통'이라 불리는 중국이 재활용 쓰레기 수입을 금지하면서 시작되었는데요. 중국 정부가 갑자기 이런 결정을 내린 이유가 바로 이 영화한 편 때문이었습니다.

쓰레기가 산더미처럼 쌓인 곳에서 한 소녀가 젖먹이쯤으로 보이는 아기를 안고 있는 포스터가 꽤나 인상적입니다. 그래서일까요. 상상력과 호기심을 자극하는 1단계에서부터 학생들의 반응이 뜨겁다는 게 느껴졌습니다. 2단계에서는 내용에 대한 이해를 돕기 위해 줄거리를 간추린 텍스트 한 장을 추가하여 함께 읽고 질문을 만들어 보았는데, 영화를 다 보지 않아도 전혀 모자람이 없었습니다.

내 의견을 말하기 위해 계속 생각을 많이 해야 했다. 그래서 힘든 점도 있었지만, 친구들과 이야기하는 것이 너무 재미있었다. 이런 토론을 또 했으면 좋겠다.

친구들과 대화하듯이 토론을 하니까 더 친해진 것 같아서 좋았다. 내가 전혀 생각지도 못했던 의견이나 생각을 들을 수 있어서 흥미로웠고, 토론의 중요성을 실감하게 되었다.

조금 숨 가쁘게 토론을 했다는 생각에 걱정이 되었는데 학생들이 적어 준 소감을 읽으며 '이런 게 바로 이야기식 독서토론의 힘이구나!'라는 생각에 절로 미소가 지어졌습니다.

6. 독서토론을 누구나 쉽게 할 수 있으려면?

승부를 가리는 찬반토론을 하기 위해서는, 논제에 대한 자신의 입장과 상대방 논리의 허점을 근거로 들어야 하므로, 어느 정도의 인지수준을 갖추어야 합니다. 하지만 이야기식 독서토론은 대화가 가능한 사람이면 누구나 쉽게 할 수 있어, 아동에서부터 성인과 노인에 이르기까지 적용 대상의 스펙트럼이 아주 넓습니다.

마르쿠스 피스터의 『무지개 물고기』라는 그림책으로 초등학교 선생님들과 이야기식 독서토론을 마친 후 몇몇 선생님들께서 이런 이야기를 들려주셨습니다.

간단한 그림책인 것 같았는데, 다양한 생각들을 나누면서 책 속에 담긴 깊은 뜻을 알 수 있었어요. 책으로 토론을 하는 것이 어려울 것 같이 느껴졌는데, 단계별로 질문을 만들어 보니까 질문도 다양해지고 깊어지는 것 같았습니다.

처음에는 반짝이 비늘을 달라고 하던 친구들이 이해가 되지 않았고, 나의 소중한 것을 나눠 주어야만 친구가 될 수 있는 상황이 받아들이기 어려웠습니다. 그런데 단계별로 토론을 하면서 비늘이 꼭 물질적인 것만은 아니라는 생각이 들었습니다. 나에게 있어 반짝이 비늘은 무엇일까를 생각해 보게 되었고, 다른 사람들과 이야기를 나눌수록 책을 혼자 읽었을 때 느끼지 못했던 감정들을 깊이 느끼게 되었습니다.

덩그런 바다에서 홀로 유유하게 헤엄치는, 알록달록 반짝이는 비늘로 가득한 무지개 물고기가 그려진 표지 그림을 보며, "혼자 있으면 어떤 기분일까?"라는 질문으로 대화가 오고 갑니다. 한 분이 예전에는 혼자 있으면 큰일 나는 줄 알았는데 요즘은 정말 혼자 있는 시간을 갖고 싶다고 합니다. 그분은 남매를 키우고 있는데 아직 둘 다 어려서 퇴근 후에는 아이들을 돌보는 일에 전념해야 된다고 하자, 여기저기서 공감의 시선을 보냅니다.

그러자 가장 선배로 보이는 선생님이 이제 아이들도 다 크고 혼자 있는 게 편하기도 하지만 가끔은 외롭고 싫기도 하다면서, 나이가 들수록 친구가 필요하다고 합니다. 아이러니하게도 서로가 서로를 부러운 듯 바라봅니다.

한 분이 다른 물고기들은 왜 자기 모습에 만족하지 못할까라고 묻자, 다른 선생님이 "외모 지상주의 때문에 그렇지 않을까요"

라고 대답하며, 있는 그대로의 자신과 자신의 삶에 만족하지 못하는 자존감 낮은 물고기들이라고 꼬집습니다. 그러고는 이내 자신이 한 말에 스스로도 멋쩍은 듯 씨익 웃습니다. 그 웃음의 의미는 뭘까요?

30대 중반쯤으로 보이는 한 분은 파란 꼬마 물고기가 반짝이 비늘을 하나만 달라고 하자 무지개 물고기가 싫다며 나눔을 거절한 대목에서, 싫은 것을 싫다고 말했을 뿐인데 뒷담화에 왕따까지 당했다며 무지개 물고기를 두둔합니다. 남의 소중한 재산을 공짜로 달라고 할 권리가 있는가, 희생을 강요하면 안 된다며 한층 톤을 높이기까지 합니다.

이때 가장 연세가 지긋한 선생님께서 무지개 물고기가 파란 꼬마 물고기의 마음이 상하지 않게 완곡하게 말하지 못한 점도 문제가 있다면서, 만약 같은 말이라도 버럭 소리를 지르지 않고 기분 상하지 않게 말했더라면 상황은 달라졌을지도 모른다고 말합니다. 방금 전 격앙된 목소리로 말했던 그분이 고개를 끄덕입니다. 배려라는 정서적인 측면과 메타메시지가 대화에서 얼마나 중요한지 다들 공감하는 분위기입니다.

토론을 하면서 매사 조심스러운 젊은 선생님부터 묵직한 느낌의 원로 선생님까지 연령대가 골고루 섞여 있어 어떤 생각의 차이를 보일까, 어떤 말에 서로 공감을 할까 내심 궁금했는데 '공감만큼 빠르고 효과적인 소통은 없구나!'라는 생각이 들었습니다.

질문으로 책을 깊이 있게 읽어 가는 선생님들의 이야기는 듣고 있는 것만으로도 공부가 됩니다.

선생님들이나 일반인을 대상으로 독서토론 강의를 하면서 학생들의 질문이나 논제를 공유하기도 합니다. 토론에서는 어른과 아이의 차이보다는 관점의 차이에 따라 질문이나 논제가 달라집니다. 질문에는 그 사람이 살아온 환경이나 배경, 평소 생각들이 담겨 있습니다. 생각을 나누고, 차이를 느끼고, 다름을 인정하고, 그것들이 섞여 혼재하다가, 그러면서 차츰차츰 또렷해지고, 넓어지고, 깊이가 더해져 가죠. 질문하는 삶이 일상이 되면 우리는 어떻게 달라질까요? 독서토론을 하다 보면 저는 이렇게 토론이 일상이 된 삶을 자연스럽게 꿈꾸게 됩니다.

이야기식 독서토론을
리뉴얼하다

이 책에서 소개할 리뉴얼된 이야기식 독서토론 방식은, '(사)전국독서새물결모임'에서 진행하는 일반적인 이야기식 독서토론과 체계는 동일합니다. 다만, 교육 현장이나 일반인들의 독서토론 동아리 모임 등에 효과적으로 적용하기 위해 네 가지 관점에서 진행 방법에 변화를 주었습니다.

- 토론리더는 누구인가?
- 질문을 만드는 주체는 누구인가?
- 토론 구성원의 조직 구성은 유연한가?
- 다양한 토론 기법을 수용할 수 있는가?

첫 번째, 리뉴얼된 이야기식 독서토론에서는 모두가 토론리더입니다. 그룹 내에서 차례대로 돌아가며 한 번씩 진행자의 역할을 맡고, 이때 진행을 맡은 사람이 토론리더가 됩니다.

두 번째, 일반적인 이야기식 독서토론에서 대개 진행자가 미리 발문을 준비하는 반면, 리뉴얼된 이야기식 독서토론에서는 토론에 참여하는 사람이 직접 궁금한 점을 질문으로 만들고, 각자 만든 질문으로 대화를 이끌어 간다는 점이 다릅니다. 자신이 만든 질문으로 토론자와 진행자의 역할을 동시에 경험함으로써 한층 더 생동적으로 대화에 참여하게 됩니다.

세 번째, 일반적인 이야기식 독서토론이 10명 내외의 토론자가 구성원의 변화 없이 토론의 전 과정을 함께하는 것과는 달리, 리뉴얼된 이야기식 독서토론에서는 짝 토론, 자유 짝 토론, 4인 모둠 토론, 회전식 토의토론 등 상황에 따라 토론 구성원의 조직을 바꿔 가며 토론을 진행할 수 있습니다.

네 번째, 뷔페 토론, 프로콘(pro-con) 토론, 신호등 토론, 수직선 가치 토론, 월드카페 토론, 회전식 토론 등 여러 형태의 토론

기법을 융합하여 토론을 유연하게 진행할 수 있습니다.

리뉴얼된 방식 1단계에서 토론자들은 책 표지에 나와 있는 그림과 책 제목, 각종 정보들을 보며 각자의 경험과 배경지식, 상상력을 발휘해 자신이 궁금한 것을 질문으로 만듭니다. 일반적인 이야기식 독서토론과 비교해 가장 두드러진 차이점이 있다면 모두가 대상 도서를 읽지 않은 상태에서 출발한다는 것입니다. 이렇게 각자가 만든 질문으로 차례대로 진행자의 역할을 하며 대화를 나누게 됩니다. 모두가 토론리더가 되어 토론을 진행하는 방식에서는 4~5명씩 묶어 그룹을 구성합니다. 한 그룹에 인원이 많으면 서로의 말을 경청하기가 어렵고, 대화의 점유율도 낮아져 능동적인 참여는 물론 효율적인 토론 진행이 어렵게 됩니다.

토론리더는 자신이 만든 질문으로 그룹에 있는 참여자들을 토론으로 이끄는 역할을 합니다. 토론이 원활하게 진행되도록 진행자의 역할을 맡게 되는 셈이지요. 토론리더로서 진행을 할 때에는 가급적 자신이 만든 질문에 대한 생각이나 의견을 덧붙이지 않고 토론자의 이야기를 들어 주는 것이 좋습니다. 진행자가 토론자의 생각이나 의견에 자신의 견해를 일일이 덧붙여 말하게 되면, 자칫 질문과는 상관없이 대화가 샛길로 빠져 사적인 대화로 흘러갈 수도 있고, 특정 토론자가 대화를 독점하거나, 일부 토론자의 대화 점유율이 낮아질 수도 있기 때문입니다.

모두에게 공평한 기회를 제공하면서 자연스럽게 생각을 나누는 방법으로는, 앉아 있는 순서로 차례차례 돌아가며 말하는 방식과 자유롭게 말하는 방식이 있습니다. 순차적으로 돌아가며 말하기는 모두가 공평하게 대화하기 위한 좋은 방법입니다. 이야기식 독서토론을 교육 현장에 처음 적용해 보거나, 토론자의 연령대가 낮은 편이거나, 토론경험이 적은 참여자가 많은 모임일수록 그룹 내에서 순차적으로 돌아가며 말하기 방식으로 시작해 보는 것이 좋습니다.

반면 순서대로 돌아가며 이야기하는 방식이 순간적으로 떠오르는 생각이나 느낌을 그때그때 나누는 데에 방해가 될 때도 있습니다. 이런 점을 고려하여, 그룹 내에서 순서를 정하지 않고 자유롭게 대화해도 좋습니다. 다만, 자유롭게 대화하며 자율적으로 질서를 잡아 가는 방식에서는, 소수가 대화를 독점하지 않도록 하기 위해, 진행자의 질문에 각각 한두 번씩만 자신의 생각을 말할 수 있도록 미리 규칙을 정해 두는 것이 좋습니다.

잊지 말아야 할 점은 순차적으로 말하기든 자유롭게 말하기든, 말하는 사람의 이야기를 중간에 끊지 말고 끝까지 경청하는 태도가 토론에서 무엇보다 중요하다는 사실입니다.

2장

읽기가 달라지는 세 가지 단계

1단계,
배경지식 꺼내 보기

1단계는 각자의 경험이나 배경지식을 책과 연결해 보는 단계입니다. 책의 앞표지와 뒤표지에 있는 각종 정보들, 즉 제목, 글쓴이, 그림, 수상 정보, 추천사 등을 보면서 토론자가 직접 궁금한 점을 질문으로 만들 수 있습니다. 특히 리뉴얼된 1단계는 대상도서를 읽지 않고 시작하므로, 부담감 없이 자유롭게 질문을 만들면 됩니다. 이때 정답이 정해져 있는 닫힌 질문보다는, 어떤 것이든 답이 될 수 있는 열린 질문이나 자신의 생각을 가볍게 말할 수 있는 상상질문 등을 만들면 대화가 풍성해집니다. 이렇게 이야기를 나누다 보면 책의 내용이 궁금해지고, 책을 읽고 싶은 내재적 동기가 발동합니다.

앞서 언급했지만 대화와 토론을 깊이 있게 하기 위해서는 토론자 간의 래포 형성이 무엇보다 중요합니다. 래포란 프랑스어로 '다리를 놓다'라는 의미로, 인간관계나 커뮤니케이션에서 상호 간에 호감을 가지고 서로가 공통점을 갖고 있다는 느낌이 들게 만드는 능력을 말하는 심리학 용어입니다. 같은 학급 친구이거나 독서동아리 모임에서 자주 만나는 사이더라도, 막상 서로의 생각에 대해 이야기를 주고받지 않으면 상대방에 대해 잘 모를 수 있습니다. 1단계에서 각자의 생각을 말할 수 있는 가벼운 질문으로 대화를 나누다 보면 자연스레 공감대가 형성되고, 친근감과 유대감이 생겨납니다.

같은 책,
다른 질문

'똑같은 책 표지를 보고 질문을 만들면 질문이 비슷비슷하지 않을까?'라는 의문이 생길 수 있습니다. 우려와는 달리 대부분 사람들은 같은 책 표지를 보더라도 전혀 다른 질문을 만듭니다. 각자의 맥락과 배경지식에 따라 자기가 보고 싶은 정보를 우선적으로 받아들이기 때문이지요.

윌리엄 스타이그가 직접 쓰고 그린 『치과의사 드소토 선생님』

의 표지를 보면서 어떤 선생님이 '어린이도서연구회 마크는 왜 고양이 얼굴일까?'라는 질문을 만들었던 기억이 납니다. 대개 등장인물인 생쥐의 치료행위와 여우의 숨은 흑심에 초점을 두거나, 그러한 행위가 불러올 흥미로운 결과를 예측하는 질문들을 만들곤 했는데, 이 질문을 통해 사람들은 서로 전혀 다른 생각을 갖고 있음을 배웠습니다.

더불어 1단계는 정답과 근거를 말해야 하는 질문보다는, 자신의 경험담이나 생각, 느낌, 상상한 것 등을 툭 터놓고 말할 수 있는 질문을 만들게 함으로써, 대화의 즐거움을 맛보는 데 중점을 둡니다. 이 단계를 잘 거치면 토론자들은 앞으로 읽게 될 책에 대한 흥미와 호기심의 날개를 스스로 힘껏 저으면서 책 속으로 여행을 떠나려 하지 않을까요.

책이 궁금해지는
예고편

책 내용에 대해 전혀 알지 못하는 상태에서 질문을 만들다 보면 자연스럽게 내용을 예상해 보는 질문을 만들게 됩니다. 책의 제목이나 표지에 그려진 그림은 책의 내용을 유추할 수 있는 훌륭한 단서들을 제공합니다. 책 표지에 실린 단편적인 정보들로 이야기를 주고받다 보면 책의 내용과 등장인물에 대해 저절로 호기심이 생기기 마련입니다. 이렇게 각자 호기심을 가지고 만든 질문들은 기발하고 신선한 생각과 느낌을 나눌 수 있게 해줍니다.

이규희 작가의 『가을이네 장 담그기』라는 책에서 '메주가 어떻게 간장과 된장이 될 수 있을까?'라는 질문을 들여다보면 장 담그기에 대한 경험이나 배경지식이 없다는 것을 알 수 있습니다. 사실 요즘 아이들은 메주가 무엇에 쓰는 물건인지, 무엇으로 메주를 만드는지, 장을 담글 때 항아리에 검은 숯과 붉은 고추는 왜 넣는지, 왜 항아리 주둥이 바깥으로 짚을 둘러 고추와 솔잎을 달아놓는지 등에 대해 전혀 모르는 것이 당연합니다. 그런 과정을 본적이 없으니까요.

제 어릴 적 기억에는 메주와 관련된 추억의 조각들이 그리움으로 남아 있습니다. 외할머니께서 콩을 쑤어 절구에 찧을 때면 저는 그 옆에서 한 움큼씩 얻어먹는 재미에 신이 났지요. 강아지도 그날은 덩달아 신이 났던 것 같아요. 먹지도 못하는데 말이죠. 그렇게 빻은 노란색 콩으로 외할머니께서는 조물조물 메주를 만드셔서 응달에서 며칠을 말리고, 꾸덕꾸덕해지면 구들목에 담요를 덮어 두셨습니다. 그 방에 들어갈 때면 먼저 손으로 코를 잡았던 기억이 납니다.

사실 저도 이런 경험만으로는 메주가 어떻게 간장으로 변신하는지 잘 모릅니다. 이런 과정을 전혀 경험하지 못한 사람들은 장 담그기에 대해 관심조차 없을 수도 있겠지만, 한편으론 오히려 자주 먹는 된장이나 간장, 고추장이 어떻게 만들어지는지 호기심을 가지게 될지도 모릅니다. 또 '할머니와 가을이는 장독을 보며 무슨 얘기를 하고 있을까?', '주인공의 이름은 왜 가을이지?', '장을 담글 때 장독 안에 먹지도 못하는 숯은 왜 넣는 것일까?' 등의 질문으로 이런저런 이야기를 나누다 보면 내용이 궁금해져서 책을 빨리 펼쳐 보고 싶은 마음이 생기게 됩니다. 토론자가 책의 내용을 알지 못할수록 책을 읽고 싶다는 내적 동기도 더 자극될 뿐만 아니라, 대화도 더 흥미로워질 수 있습니다.

질문에 정답이 있다는 오해

문제풀이에 익숙한 세대에서는 어른이나 아이나 할 것 없이 '왜?' 라는 질문을 당연히 문제로 인식해 버리는 경향이 있습니다. 자신의 생각을 말하기보다는 자꾸만 정답을 찾으려 노력하는 거죠. 이야기 내용의 인지적인 측면이 강조되면 심적인 부담을 느끼게 되고, 질문에 대한 배경지식이 부족한 토론자는 대화에 능동적으로 참여하지 못할 수도 있습니다. 그래서 1단계 질문에서는 답을 찾으려 노력하기보다 자신의 생각이나 느낌 또는 경험을 가볍게 말하면 된다는 것을 한 번 더 강조할 필요가 있습니다.

가령 '메주가 어떻게 장이 되는 것일까?'라는 질문에 메주가

장이 되는 과정을 인지적으로 접근한다면, 그것에 대한 상식이나 지식이 부족한 사람들은 분명 대화에 즐겁게 참여하기가 어려울 것입니다. 하지만 '메주가 스트레스를 받아서 까맣게 변하면 장이 되지 않을까?'처럼 재미있게 이야기를 나누면 모두가 부담감 없이 편안하게 대화에 참여할 수 있겠지요. 물론 메주로 장을 담그는 과정을 체험해 보았거나 간접적으로 알게 된 지식을 누군가가 말한다 해도, 그 역시 의미 있는 일입니다. 토론자들은 실제로 경험해 보지 못한 새로운 것을 알게 되는 기쁨을 느낄 수 있을 테니까요.

다음 장에서는 세 권의 책을 통해 1단계 질문을 만드는 방법을 자세히 알아보겠습니다.

『치과의사 드소토 선생님』

의사는 자신의 목숨을 걸고서라도 환자를 치료해야 할까?

이 책의 저자인 윌리엄 스타이그는 카툰 작가이자 그림책 작가로도 유명합니다. 그는 23세부터 카툰을 그리기 시작했지만 그림책을 직접 그리기 시작한 건 60세부터라고 하니 나이는 정말 숫자에 불과하다는 말이 실감 나네요. 『아모스와 보리스』, 『엉망진창 섬』, 『당나귀 실베스터와 요술 조약돌』, 『슈렉!』 등 동화를 쓰고 그림까지 직접 그린 책이 무려 20여 편이나 된다고 합니다. 그 중 『치과의사 드소토 선생님』은 아동 도서계의 노벨상이라 불리는 '뉴베리상'을 수상한 작품으로, 초등학교 2학년 1학기 국어 나에 수록되어 있는 작품이기도 합니다.

아이들을 독자로 하는 그림책에는 동물들을 의인화하여 등장 시키는 경우가 많습니다. 동물은 아이들에게 친근한 소재이기도 하며, 사람에 비해 이야기를 다채롭게 펼칠 수 있다는 장점이 있기도 하지요. 치과의사 드소토 선생님과 여우 이야기를 그린 이 그림책은 작은 생쥐와 교활한 여우를 등장시켜 유머와 위트가 넘치는 즐거움은 물론 통쾌함까지 선물합니다. 아울러 우리는 그들을 통해 지혜로운 사람과 흔히 말하는 은혜를 원수로 갚는 위협 적인 사람을 만나게 됩니다.

작은 생쥐인 드소토 선생님은 이가 아픈 동물 친구들을 하나도 아프지 않게 치료하여 아주 인기가 많은 치과의사입니다. 환자가 그와 덩치가 비슷하면 의자에 앉히고, 덩치가 크면 바닥에 앉혀 맞춤형 치료를 하는 드소토 치과에는 '고양이나 사나운 동물은 치료하지 않습니다'라는 간판이 걸려 있어요. 드소토 선생님은 치과의사로서 실력도 뛰어나지만 자신을 지킬 줄 아는 현명함까지 겸비하고 있네요.

어느 날, 이가 아픈 여우가 엉엉 울면서 드소토 선생님을 찾아 왔어요. 아무리 힘이 없어 보이는 고양이일지라도 절대로 치료하지 않던 드소토 선생님이 치통으로 힘들어하는 딱한 여우에게는 측은지심이 생겼나 봅니다. 아파하는 여우를 고심 끝에 결국 치료해 주기로 했거든요.

영화나 드라마를 보면 극적인 상황에서 도움을 받은 사람이 자신에게 은혜를 베풀어 준 사람을 배신하는 스토리가 전개되어 안타까움을 자아내지요. 이 이야기에서도 간교한 여우는 잡아먹힐지도 모르는 위험을 감수하면서 정성껏 치료를 해준 드소토 선생님 부부를 치료가 끝나는 즉시 잡아먹으려는 계획을 세웁니다. 마치 영화 속의 배은망덕한 악역처럼 말이죠. 과연 치과 의사 드소토 선생님은 어떤 꾀를 내어 이 위기를 모면했을까요?

→ **1단계 질문**

- 생쥐와 여우는 어떤 사이일까?
- 왜 여우는 음흉한 미소를 짓고 있을까?
- 여우는 왜 이가 아팠을까?
- 윌리엄 스타이그는 어느 나라 사람일까?
- 왜 이름이 드소토일까?
- 치과에 가본 경험은? 그때 기분은?
- 여우는 왜 목에 수건을 둘렀나?
- 여우는 왜 생쥐를 잡아먹지 않고 있을까?
- 여우 마을에는 치과의사가 없을까?
- 여우 입에서는 어떤 냄새가 날까?
- '어린이도서연구회' 마크는 왜 고양이 얼굴일까?
- 생쥐는 왜 펜치를 들고 여우 입속에 들어가 있을까?
- 생쥐는 왜 치과의사가 되었을까?

『가을이네 장 담그기』

가을이네 할머니의 깊은 장맛!
황금 레시피 안에 숨겨진 과학과 삶의 지혜를 만나다.

전통음식을 만들 때 음식의 맛을 내는 가장 기본적인 재료가 무엇일까요? 바로 간장, 된장, 고추장과 같은 장일 테지요. 이규희 작가의 『가을이네 장 담그기』는 장을 담그는 과정을 호기심 가득한 가을이의 시선으로 바라보고 있는데요. 자칫 지루할 수 있는 장 담그기를 가지각색의 맛과 소리, 냄새 등으로 생동감 있게 표현하면서 장 담그는 과정을 가을이가 던지는 질문으로 재미있게 엮어 내고 있습니다.

가을이네 할머니는 일 년 내내 먹을 맛있는 장을 담그기 위한 흥미로운 팁들을 알려 줍니다. 가령, 맛있는 장맛을 내기 위해서는 음력 정월 말날에 맞춰서 장을 담가야 하고요. 식구들은 모두 장 담그는 날까지 몸가짐뿐만 아니라 강아지인 복실이마저도 함부로 나무라지 않아야 하는 등 언행에 각별히 신경을 써야 한답니다. 장을 담그기 직전에는 항아리가 있는 바닥에 숯불을 피우고 꿀도 한 종지 태워야 해요. 장을 담근 항아리에는 새끼줄로 금줄도 치고 하얀 버선본도 거꾸로 붙여야 합니다. 상식적으로 이런 노력과 장맛이 무슨 상관이 있겠나 싶지만 왠지 그렇게 정성을 쏟으면 정말 맛있는 장이 만들어질 것 같습니다. 그런데 가을이네 할머니는 어떻게 이런 신기한 비법들을 잘 알고 있을까요? 할머니의 이런 믿음에는 오랫동안 구수한 장맛을 대대로 전수해 온 우리 선조들의 지혜가 담겨 있는 것일 테지요.

그림책은 글 못지않게 그림이 차지하는 비중이 아주 큽니다. 『가을이네 장 담그기』는 늦가을 추수할 때부터 이듬해 초여름까지 풍경의 변화를 마치 한 해의 달력을 보듯이 아름답게 그려 내고 있어요. 뿐만 아니라 메주를 담그기까지의 과정을 실제로 체험하고 있는 듯한 느낌이 들도록 실감나게 표현하고 있습니다.

건드리면 금방이라도 터질 것 같은 들판에 누렇게 여문 콩꼬투리와 도리깨를 힘껏 내려치는 아빠의 흐뭇한 미소, 주로 오줌싸개들이 머리에 뒤집어쓰고 다녔던 키를 까불려 콩과 콩깍지를 골라내는 엄마의 사뭇 진지한 얼굴하며, 온 식구가 동원되어 가마솥에 장작으로 불을 지피고 콩으로 메주를 쑤고, 절구에 찧어 사각으로 빚어 만든 메주를 처마 밑에 짚으로 매달아 꾸덕꾸덕해질 때까지 건조시키고, 구들목에서 아주 고약한 냄새가 나도록 꽃을 피우는 모습 등등 그림으로 삶의 모습을 읽어 가는 재미가 정말 쏠쏠합니다.

장 담그는 날 아침에는 온 식구가 깨끗하게 목욕부터 하고 할머니의 진두지휘 아래 천지신명님께 한 해의 장맛을 위해 기도부터 드리는 장면에서는 중요한 일을 할 때 신심으로 정성을 기울였던 우리 조상들의 삶의 한 단면을 엿볼 수 있습니다. 요즘은 시골에 가도 마당 한구석에 장독이 놓인 정겨운 풍경을 구경하기가 쉽지 않습니다. 현대사회에 이런 전통적인 방식으로 장을 담그는 가정이 과연 얼마나 될까요?

의식주 구조가 서양식으로 변화하면서 계승되고 보존되어야 할 우리의 좋은 전통마저 편리함이라는 미명으로 사라져 가는 현실이 저는 아쉽기만 한데요. 초등학교 4학년 1학기 국어활동에 수록되어 있기도 한 『가을이네 장 담그기』를 통해 아이들뿐만 아니라 어른들도 우리의 전통문화인 장 만들기에 대한 경험을 간접적으로나마 맛보는 것은 어떨까요?

→ **1단계 질문**

• 주인공 이름이 왜 가을일까?

• 가을이는 장 담그기가 재미있었을까?

• 할머니와 가을이는 장독을 보며 무슨 얘기를 하고 있을까?

• 장을 담글 때 장독 안에 먹지도 못하는 숯은 왜 넣는 것일까?

- 왜 장을 담그면서 붉은 고추를 넣었을까?

- 장은 언제 담그는 것이 좋을까?

- 장은 왜 항아리에 담글까?

- 간장은 마트에서 사 먹으면 되는데, 왜 직접 장을 담글까?

- 사 먹는 장과 직접 담그는 장맛은 어떻게 다를까?

- 왜 장독에 고추와 숯이 함께 들어 있을까?

- 장독에 짚을 두르고 고추와 솔잎을 달아 놓은 이유는 뭘까?

- 사람들은 언제부터 장을 담가 먹기 시작했을까?

- 요즘은 왜 집에 이런 장독이 없을까?

- 메주가 어떻게 간장과 된장이 되는 것일까?

『어린이를 위한 정의란 무엇인가』

앎과 행함의 사이를 좁히려면, '나'보다는 '우리'를 먼저 생각하기!

우리는 일상에서 어떤 행동을 결정해야 할 때가 많습니다. 그럴 때 어떤 기준과 근거로 판단을 해야 할까요? 과연 그 선택에 대한 판단의 근거가 옳다고 장담할 수 있을까요? 『어린이를 위한 정의란 무엇인가』에는 우리가 어떻게 하면 함께 잘 살 수 있는가를 생각해 보게 하는 '정의', '나눔', '배려'에 관한 여덟 가지 이야기가 들어 있습니다.

　우리 주변에는 이러한 가치와 덕목을 실현하기 위해 공정, 친절, 사랑, 리더십과 같은 사회적 강점을 가진 많은 사람들이 함께 연대하여 다양한 분야에서 노력을 기울이고 있습니다. 이 책에 나오는 다섯 명의 친구들이 겪는 좌충우돌 사건들을 따라가다 보면, 어떤 행동을 결정하기 위해서는 반드시 선택을 해야 하며, 그 선택에 대한 판단 근거는 무엇인지 생각해 보게 됩니다.

이 책의 여섯 번째 이야기 「눈과 눈이 마주 볼 때」는 이기심에 관한 내용을 다루고 있습니다. 광수네 아파트 단지에서는 쓰레기 무단 투기 문제로 동네 곳곳에 감시카메라가 설치됩니다. CCTV로 일시적인 효과는 기대해 볼 수 있겠지만 쓰레기를 불법으로 버리는 행위를 지속적으로 단속할 수 있을지는 의문이 드네요. 아무리 감시하는 눈이 많아도 사각지대는 있기 마련이니까요. 쓰레기봉투 속에 자신의 소중한 양심까지 쑤셔 넣어 내다 버리는 사람들은 비단 광수네 아파트의 일부 지각없는 주민의 일만은 아닌 것 같습니다.

광수네 반에서도 서로 함께 조용히 하자는 의미에서 서로를 감시하는 상벌제도인 '파리와 꿀 스티커' 붙이기를 하지요. 서로서로 감시하게 되면서 의리 없는 사이가 되어 버렸다는 태원이와 때리거나 야단치지 않고도 원하는 효과를 낼 수 있어서 좋지 않느냐는 광수의 생각이 묘하게 엇갈리는데요. 감시와 자율이 부딪치는 가운데 무엇이 더 중요한가를 아이들의 관점에서 다시금 생각해 보게 합니다.

다음은 연수 시간을 이용해 초등학교 선생님들과 함께 「눈과 눈이 마주 볼 때」 삽화를 보며 만들어 본 1단계 질문들입니다.

→ **1단계 질문**

- 서로의 눈을 마주 보면 어떤 점이 좋을까?

- 왜 선생님은 화난 얼굴일까?

- 학생들은 왜 선생님을 보지 않을까?

- '눈과 눈이 마주 본다'가 의미하는 것은 무엇일까?

- 눈과 눈을 마주 보면서 서로에게 무슨 이야기를 하고 있을까?

- 눈과 눈이 마주 볼 때 어떤 감정이 들까?

- 할머니의 보따리 속에는 뭐가 들었을까?

- 선생님과 눈이 마주치면 어떤 마음이 들까?

- 왜 경비원 아저씨는 할머니를 빤히 쳐다볼까?

- 누구의 눈과 눈을 말하는 걸까?

- 아이들은 무슨 과제를 하길래 이렇게도 집중할까?

- 선생님 표정이 왜 이럴까?

- 수업 중에 가방 메고 있는 아이는 누구일까?

- 제목에서 '눈'은 어떤 의미를 담고 있을까?

- 아저씨는 왜 놀란 표정을 지었을까?

- 학생들은 무엇을 쓰고 있을까?

- 왜 선생님을 보는 학생이 아무도 없을까?

2단계,
내용 파악하기

2단계는 대상 도서를 읽고 책에 대한 이야기를 활발하게 나눠 보는 단계입니다. 단순히 기억하고 있는 내용으로 대화를 나누는 것보다, 기억한 내용을 바탕으로 자신이 이해한 것, 그리고 내용에 대해 추론하고 판단한 것으로 여러 유형의 질문을 만들어 대화하는 것이 핵심입니다.

사실을 기억하는 단답형 질문은 생각을 키우기가 어렵습니다. 가령 김리리 작가가 쓴 『만복이네 떡집』을 읽고 단순히 내용을 기억하는 질문을 만든다면, '만복이가 먹은 떡 중에서 구수하고 신비롭고 독특한 맛이 났던 떡은?'이라는 질문을 만들 수 있습니다. 이 질문의 정답은 '무지개떡'입니다. 그런데 "무지개떡"이라고 누군가가 말하는 즉시 질문의 힘은 사라지고, 대화는 여기서 끝이 납니다.

1단계 질문을 부담 없이 만들던 토론자들이 2단계 질문은 만들기가 어렵다고 하는 경우가 종종 있습니다. 이럴 때는 책 속에 정답이 정해진 질문을 만들기보다, 책의 내용을 바탕으로 자기 생각을 말할 수 있는 질문을 만들어 보자고 하면 쉽게 이해를 합니다. 책의 내용과 관련하여 나라면 어떻게 했을지 나의 처지에 빗대어 생각해 보게 하고, '왜?', '어떻게?' 등으로 상황을 분석해 보게 하며, '~하는 것은 옳지 않다고 생각해. 왜냐하면~'과 같이 비판적으로 사고해 보는 것입니다. 단순하게 내용을 기억하는 질문이 아닌 이해하고, 응용하고, 분석하고, 판단하고, 평가해 보는 여러 유형의 질문을 통해 관점을 넓히고 생각을 키우는 것이죠.

내용 파악을 위한 질문을 만들 때, 토론자들은 시키지 않아도 자연스레 책을 펼쳐 글과 그림을 다시 꼼꼼하게 읽기 시작합니다. 글을 읽었지만, 막상 질문을 만들려고 하면 내용이 생각나지 않는 경우가 많습니다. 앞뒤 내용을 이해해야 질문을 만들 수 있기 때문입니다. 질문을 만들기 위해서라도 책을 능동적으로 반복해서 읽게 되므로, 질문 만들기야말로 책을 깊이 읽게 만드는 탁월한 전략이 되는 셈입니다.

읽으면서 질문하는
능동적 독서

글을 능동적으로 읽는 방법 중 하나는 궁금한 내용을 질문하면서 읽는 것입니다. 에일린 스피넬리가 글을 쓰고 제인 다이어가 그림을 그린 『소피의 달빛 담요』를 '질문하며 읽기' 전략을 사용하여 읽어 보면, '소피는 잠시도 쉬지 않고 담요를 짰어요'라는 문장을 읽고 난 후 '소피는 왜 쉬지 않고 담요를 짰을까?', '소피가 짜고 있는 담요는 누구를 위한 것일까?'와 같은 질문을 만들어 볼 수 있습니다.

고민을 하며 질문하는 것보다는 즉흥적으로 떠오르는 궁금한 점을 질문하는 것이 중요한 포인트입니다. 늘 그렇진 않지만 '아기가 곧 태어나기 때문이에요'처럼 궁금증을 바로 해소시켜 주는 텍스트가 뒤에 바로 이어지는 경우도 있습니다. 한 문단 안에서 혹은 내용 후반부에서 물음에 대한 답을 찾을 수 있는 경우도 있고, 텍스트 속에 답이 문장으로 제시가 되지 않더라도 정답을 유추해 볼 수 있는 여러 단서들이 녹아 있어 질문을 하며 읽다 보면 책의 내용을 파악하는 데 더 도움이 됩니다.

질문하며 글 읽기는 처음에는 다소 어렵고 어색하기도 하지만, 이렇게 읽다 보면 어떤 현상이 발견됩니다. 우선, 문장에 대해 호기심을 갖게 됩니다. 한 문장 한 문장이 새로운 관심의 대상이 되는 것이지요. 여러 명이 차례대로 한두 문장씩 읽고 질문을 만들게 되면, 자신이 전혀 생각지도 못한 색다른 질문을 만나게 됩니다. 사람마다 문장을 이해하는 정도가 다르고, 관점이 다르기 때문입니다. 둘째, 앞으로 펼쳐질 내용에 대한 호기심을 갖게 됩니다. 질문을 하게 되면 자신이 한 질문의 답을 유추하면서 글을 읽게 됩니다. 질문을 하니 호기심이 생기고, 호기심이 발동하니 내용 파악이 더 잘되는 것일 테지요.

책을 통째로 읽고도 질문을 만들지 못하던 사람들이, 문장 단위로 끊어 읽고 질문을 만들다 보면, 질문을 만든다는 것이 생각보다 어렵지 않음을 자연스레 체득하게 됩니다. 질문은 텍스트의 내용을 더 잘 이해하게 할 뿐 아니라 비판적 읽기도 가능하게 합니다. 책 한 권 전체를 이런 방식으로 읽기는 솔직히 힘이 듭니다. 하지만 다양한 읽기 방법의 하나로 적용해 보는 것은 어떨까요.

질문하며 읽기 전략을 사용하여 『소피의 달빛 담요』를 읽고 난 후 학생들의 반응은 다양합니다. 읽고 바로 질문을 만들려고 하니 생각을 해야 하고, 그래서 머리가 지끈거린다는 아이, 모범생답게 정답을 찾아 말하는 아이, 자기 순서가 되어 혹시 제대로 질문을 만들지 못할까 봐 긴장하는 아이, 새로운 방식보다는 늘 하던 대로 편함을 추구하는 아이 등 각자의 성격만큼이나 서로 다른 소감을 쏟아 내었습니다.

"나도"는 반쪽 대답, 나만의 언어로 답하기

내용을 파악하는 질문으로 대화를 하다 보면 '만복이는 어떤 떡을 먹고 재미있는 이야기를 하게 되었을까?'처럼 정답이 하나로 정해져 있는 경우도 있지만 '만약 내가 만복이였다면 선생님의 고민을 듣고 어떤 말을 했을까?'처럼 이해한 내용을 바탕으로 생각을 말해야 하는 질문도 있습니다. 대화를 할 때 자신의 생각과 비슷하면 "나도 같은 생각이야", "나도 그래"라고 간단히 말하고 그냥 넘어갈 때가 많습니다. 하지만 어떻게 같은지 얘기해 보라고 하면 머뭇거리면서 말을 하지 못하는 경우도 있고, 막상 내용을 들어 보면 앞에서 말한 사람의 내용과 다른 경우도 있습니다.

아이들은 때때로 말하기 싫거나, 생각을 정리하기 어려운 경우에 "나도 그런데"라는 식으로 은근슬쩍 넘어가려는 경향이 있습니다. 말하고자 하는 내용이 앞에서 말한 사람의 생각과 다소 비슷하더라도 자신의 언어로 생각이나 느낌을 정리해서 다시 이야기하게 하면, 전체 내용에 대한 이해도가 더 높아질 뿐만 아니라 본인 스스로도 내용의 이해 여부를 점검해 볼 수 있게 됩니다.

2단계 질문, 이렇게 만들어요

『만복이네 떡집』

만복이가 달라졌다!
심술쟁이 만복이가 매력 넘치는 만복이로 변해 가는 마법 같은 이야기.

걸핏하면 친구들과 싸워서 욕쟁이, 깡패, 심술쟁이로 이름난 만복이는 어느 날 하굣길에 자신의 이름과 똑같은 '만복이네 떡집'이라는 신기한 떡집을 발견합니다. 주인이 없는 떡집에서 '입에 척들러붙어 말을 못하게 되는 찹쌀떡'을 먹은 다음부터 온종일 나쁜 말을 안 해서 주변 사람들한테 칭찬을 받습니다. 평소에 욕도 잘하고 툭하면 싸움을 하는 말썽꾸러기였던 만복이가 주변 사람들에게 긍정적인 피드백을 받아서일까요? 칭찬을 받은 이후로 만복이는 날마다 '만복이네 떡집'에 들러 신기한 떡을 먹기 시작했어요.

무지개떡을 먹자 재미있는 이야기가 형형색색처럼 술술 나오고, 쑥떡을 먹자 지나가던 사람의 생각이 쑥덕쑥덕 들리고 심지어 동네 강아지가 무슨 생각을 하는지도 알게 됩니다. 친구들의 마음을 알게 되면서 만복이도 조금씩 친구들의 마음을 이해하게 되지요.

어느 날 공부를 잘하면 좋겠다는 장군이의 속마음을 듣게 된 만복이는 장군이에게 도움을 주려고 합니다. 하지만 오히려 그의 자존심을 건드려 주먹세례를 받게 되지요. 예전의 만복이였다면 이런 억울한 상황에서 어떻게 반응했을까요? 만약 우리에게 이런 일이 일어난다면 어떻게 행동했을까요?

"만복이는 쥐고 있던 주먹을 풀었어. 장군이의 마음을 알자 미운 마음이 눈 녹듯 사라져 버렸거든." 이 한 줄의 글이 가슴을 뭉클하게 합니다. 누군가의 진심을 알게 되고 그 마음을 제대로 이해하게 되면 원망하거나 미운 마음을 내려놓게 됩니다. 누군가 내가 듣기 싫어하는 말이나 행동을 할 때 내 입장에서 자기중심적으로만 생각하면 상대방에게 화가 나고 미워하는 마음이 생기기 마련입니다. 어쩌면 그것이 자연스러운 반응일 수 있겠지요. 하지만 '아! 저 사람은 저렇게 생각하는구나' 하고 상대방의 생각을 있는 그대로 수용하게 되면 두 사람 사이에는 관계의 회복이라는 기적이 일어납니다.

이런 소중한 경험들이 반복되면 마음도 그만큼 성장하겠지요.

만복이는 참으로 행운아처럼 보입니다. 여러분도 이런 서프라이즈의 주인공이 되고 싶지 않나요? 만약 자신을 변화시켜 줄 나만의 떡집이 있다면 어떤 떡을 한번 먹어 보고 싶나요?

이 그림책은 초등학교 3학년 1학기 국어 나에 수록되어 있습니다. 만복이라는 이름과 떡집이라는 연결이 왠지 고루하게 느껴졌는데, 떡을 먹으면 신기한 경험을 하게 되는 이야기에 쏙 빠져들게 되네요. 아마 국어 교과서에서 이 이야기를 읽은 3학년 아이들도 저와 비슷한 느낌을 받지 않았을까요?

→ **2단계 질문**

- 만복이처럼 사람들 마음속 이야기를 들을 수 있다면 어떨까?
- 만복이가 먹었던 신기한 떡 중에서 가장 먹고 싶은 떡이 있다면?
- 웃음꽃이 활짝 핀 아이들의 모습을 보았을 때 만복이는 어떤 기분이 들었을까?
- 만약 내가 만복이였다면 선생님의 고민을 듣고 어떤 말을 했을까?
- 만복이가 은지에게 말을 걸어 주었을 때 은지는 어떤 마음이었을까?
- 내가 장군이라면 만복이가 도와주려고 했을 때 어떤 반응을 보였을까?
- 내가 만복이라면 장군이의 주먹이 날아왔을 때 어떻게 행동했을까?
- 장군이와 만복이가 싸운 후 둘 사이는 어떻게 되었을까?
- 만복이가 '장군이네 떡집'에서 떡을 먹었더라면 어떤 일이 생겼을까?
- 만복이는 왜 입만 열면 속마음과는 달리 험한 말을 하게 될까?

- 만복이의 말에 주먹을 날린 장군이의 행동은 옳은가?
- 어떻게 하면 만복이가 신기한 떡을 먹지 않고도 나쁜 말버릇을 고칠 수 있을까?
- 왜 만복이는 장군이와 싸우지 않았을까?
- 만복이가 장군이에게 맞고도 장군이를 용서해 주었는데, 나라면 어떻게 하였을까?
- 만복이는 평소에 어떤 아이였나?
- 왜 떡집 간판이 '장군이네 떡집'으로 바뀌었을까?
- 초연이의 생각을 듣고 나라면 초연이에게 뭐라고 말했을까?
- 친구들은 만복이가 갑자기 나쁜 말을 쓰지 않는 것에 대해 이유가 뭐라고 생각했을까?
- '소시지 빵'을 얻어먹은 강아지는 만복이에 대해 어떤 생각을 했을까?
- 만복이 귀에 누군가 소곤거리는 것처럼 이상한 소리가 들리게 된 이유는 무엇일까?

『사라, 버스를 타다』

옳다고 믿는 것을 당당히 지켜 낸 로자 파크스의 실화를 다룬 그림책,
그때 그녀는 자신의 용기 있는 행동이 세상을 바꾸리라는 걸 알았을까?

손을 옆구리에 올린 채 당당하게 가슴을 쫙 펴고 살짝 웃는 듯 입을 벌린 사라의 두 눈은 빛나고 있습니다. 책을 소개받을 때 대강의 내용을 들었던 저는 표지를 보고 상상하는 즐거움은 잃었지만, 대신 그 멋진 일을 한 사라의 용기와 그 용기를 내었을 두려운 마음, 그리고 두려움과 용기의 마음이 가져왔을 큰 변화를 사라의 표정에서 읽을 수 있었습니다. 그러곤 사라의 표정을 보는 짧은 시간에 '나라면 그런 용기를 낼 수 있을까?', '더 나은 미래를 위해 내가 할 수 있는 일은 무엇일까?'라는 질문을 던졌습니다.

1950년대, 미국 남부의 거의 모든 주에서는 버스에 백인과 흑인이 앉는 자리가 구분되어 있었으며 흑인들은 버스 앞자리에 앉을 수가 없었다고 합니다. 흑인 노예제도 때문에 일어났던 미국

의 남북전쟁에 대해서는 어느 정도 알고 있었지만 1950년대까지 흑인에 대한 차별이 그렇게 심한 줄은 몰랐습니다. 불과 70여 년 전인데 말이죠. 공공건물, 화장실, 병원, 도서관, 심지어 교회 출입 문도 따로 사용하거나 들어갈 수조차 없었다고 하니 그 외의 차 별은 이루 말할 수 없었을 것입니다.

평소와 다름없이 버스 뒷자리에 앉은 사라는 버스 앞쪽 자리 가 얼마나 좋은 곳인지 궁금했습니다. 엄마는 자리에 앉을 수 있 는 것만으로 만족하라고 했지만 사라는 그러고 싶지 않았나 봅니 다. 사라는 앞으로 쭉 가서 운전사 옆자리에 앉았습니다. 사라를 본 운전사는 화를 내며 뒤로 돌아가라고 했지만 사라는 그대로 앉아 있었습니다. 두려운 마음에 떨고 있던 사라를 경찰관이 와 서 데리고 갔습니다. 경찰에 체포된 사라는 어떻게 되었을까요?

이 책은 흑인 인권 운동의 상징적인 인물인 로자 파크스의 실 화를 바탕으로 다시 쓰여진 것입니다. 당시 42세였던 그녀는 버 스에서 백인 승객에게 자리를 양보하지 않았다는 이유로 체포당 했습니다. 이 사건을 계기로 몽고메리 버스 승차 거부 운동이 시 작되었고, 결국 옳지 않았던 법이 바뀌게 되었죠. 내용을 알고 다 시 보니 표지 속 사라의 미소가 정말 당당해 보입니다.

→ **2단계 질문**
• 사라는 어떤 마음으로 버스 앞자리에 앉았을까?

- 만약 내가 사라처럼 경찰관에 의해 끌려 내려온다면 어땠을까?
- 사라가 경찰관에게 안겨 버스에서 강제로 내리게 되었을 때 내가 시민들 중 한 명이었다면 뭐라고 소리쳤을까?
- 항상 뒷좌석에만 앉아야 했던 사람들의 기분은 어떠했을까?
- 만일 내가 버스에서 내리라는 말을 듣는다면 어떻게 했을까?
- 만일 나라면 사라처럼 용기를 낼 수 있었을까?
- 내가 그 당시 시민이라면 사라의 행동에 동참할 수 있었을까?
- 버스 정류장에서 사람들이 사라에게 한마디씩 할 때, 만약 내가 그 자리에 있었다면 뭐라고 말했을까?
- 사라의 어머니가 생각하는 '진짜 범죄자'는 누구였을까?
- 우리 사회에서도 사라와 비슷한 사례가 있을까?
- 만일 내가 사라처럼 부당한 일을 겪는다면 어떻게 행동할까?
- 내가 사라의 어머니였다면 사라를 응원할 수 있었을까?
- 나라면 버스의 모든 사람들이 뒤로 가라고 했을 때 어떻게 했을까?
- 똑같은 외투와 신발을 신은 어머니가 달라 보인 이유는 무엇일까?
- 내가 백인이었다면 사라와 같은 흑인의 인권 회복을 위해 앞장설 수 있었을까?
- 만일 내가 사라의 엄마였다면 사라를 위해 어떤 노력을 하였을까?
- 사라가 경찰서로 잡혀갈 때 응원을 해준 사람들은 왜 그랬을까?
- 사라가 버스 뒷자리에 앉아야 했던 것처럼 우리 사회에 아직까지 남아 있는 차별대우나 편견에는 어떤 것이 있을까?

『아모스와 보리스』

내가 그의 존재에 오롯이 반응하고 집중하면
그도 내 존재에 온전히 반응한다.

"죄를 지은 쥐가 야반도주를 하고 있습니다."

"모험심 강한 쥐가 바다 여행을 하며 겪는 내용일 것 같습니다."

"여행을 하다 위기에 빠진 쥐를 거북이가 구해 주는 내용이요."

"고래를 잡기 위해 먼바다로 향하는 쥐의 이야기입니다."

"쥐가 낯선 배에서 잠을 자다 묶어 놓은 줄이 풀려서 배가 바다까

지 나와 버렸습니다."

선생님들과 그림책으로 '온책읽기'* 연수를 하였습니다. 표지

* '온작품읽기'라고도 하며, 교과서 안에 단편적으로 수록된 작품을 읽는 것이 아니라 책 한
권을 처음부터 끝까지 읽으며 전체로서의 작품을 깊이 있게 읽는 걸 의미합니다.

를 보고 내용을 상상해 보자고 했는데 선생님들의 예상치 못한 재미있는 답에 연수장이 웃음바다가 되었습니다. "쥐의 이름은 아모스이고 보리스는 고래일 것 같습니다." 어떤 선생님의 한마디가 저를 놀라게 했습니다. 아마도 뒤표지에 있는 고래를 보셨나 봅니다. 어느 정도 연세가 있어 보이시는 그 선생님께서는 뒤표지를 보고 「고래사냥」이라는 노래가 떠올랐다고 하셨습니다. 저는 바다하면 『모비딕』의 바다, 『노인과 바다』에서 상어와 싸우던 할아버지의 바다, 피노키오를 삼킨 고래가 헤엄치던 바다, 아름답지만 춥고 무서웠던 영화 「타이타닉」의 바다, 그리고 멋진 백사장이 있는 해운대의 탁 트인 동해바다가 떠오릅니다. 여러분은 어떤 바다가 떠오르나요? 그리고 아모스와 보리스가 만난 바다는 어떤 바다일까요?

친구 관계 때문에 힘들어하는 아이들을 어떻게 지도하면 좋을지 고민하던 선생님들께서 요청한 강의 덕분에 다시 만나게 된 『아모스와 보리스』. 표지에 나오는 배를 탄 쥐가 아모스입니다. 아모스는 바다를 사랑합니다. 파도가 달려와 부서지며 자갈을 굴리는 소리를 좋아하던 아모스는 바다 건너편이 너무나 궁금한 나머지 배를 만들기 시작합니다. 마침내 아모스는 자신이 만든 배로 항해를 시작합니다. 그리고 보리스를 만나게 됩니다. 보리스는 누구일까요? 위의 선생님 말씀처럼 고래일까요? 아니면….

포유류라는 공통점 외에는 사는 곳이나 생김새가 달라도 너무 다른 아모스와 보리스, 그 둘은 바다에서 우연히 만나 둘도 없는 친구가 됩니다. 서로가 서로의 이야기에 깊이 빠져들며, 어느새 마음속 깊숙이 감춰 두었던 비밀까지도 서로 나누게 됩니다. 그런 아모스와 보리스가 은근히 부럽습니다. 내 속마음을 거리낌 없이 말해도, 있는 그대로 받아 줄 사람이 한 명이라도 있을까 하는 상념에 잠시 젖어 들어 봅니다.

우린 영원히 친구가 될 수는 있지만, 함께 있을 순 없다고 보리스가 말합니다. 아모스는 이제 육지로 돌아가야 하니까요. 행복은 거창한 데 있는 게 아니라, 사랑하는 사람과 일상에서 맛있는 음식을 함께 먹는 것이라고 합니다. 하지만 좋아하는 친구, 가족, 연인과 함께하지 못한다고 해서 행복하지 않은 건 아닙니다. 서로가 깊은 이해로 공감하고, 진심을 담아 아껴 주는 시선으로 바라봐 주는 사이라면, 이미 서로는 서로의 마음속에 늘 함께 있는 것 아닐까요?

→ **2단계 질문**

- 아모스는 물에 빠졌을 때 어떤 생각을 했을까?
- 앞으로 아모스는 어떤 여행을 꿈꿀까?
- 자신이 아모스라면 어디로 여행을 가고 싶나?
- 왜 작가는 주인공을 쥐와 고래로 했을까?
- 보리스가 아모스를 본 첫 느낌은 무엇일까?

- 아모스가 코끼리 두 마리를 데리고 오지 못했다면 어떻게 되었을까?
- 아모스는 또 여행을 시도했을까?
- 코끼리가 아모스의 요청을 거절했다면 아모스는 보리스를 살리기 위해 어떻게 했을까?
- 육지에 살던 아모스는 겁도 없이 바다 항해를 나섰는데 함께 갈 가족과 친구가 없었을까?
- 아모스가 바다에 빠져서 보리스를 만나기 전에 어떤 기분이었을까?
- 아모스와 보리스는 어떻게 의사소통을 했을까?
- 왜 서로 다시는 만나지 못한다고 생각했을까?
- 아모스가 바다에 빠지지 않고 순조로운 여행을 하게 되었다면 어디까지 경험해 볼 수 있을까?
- 만약 아모스와 보리스 모두 평범한 일상으로 돌아갈 수 없었다면 중간에 무슨 일이 벌어질까?
- 만약 보리스가 친절하지 않은 고래였다면 어떻게 되었을까?
- 왜 마지막에 두 번 다시 만나지 못한다고 했을까?
- 생명체가 죽으면 영혼은 어떻게 될까?
- 아모스가 상어를 만났다면 어떻게 되었을까?
- 책 제목을 바꿔 본다면?
- 나도 코끼리처럼 나와 상관없는 사람을 도와줄 수 있을까?
- 코끼리의 도움이 없었다면 아모스는 어떤 방법을 썼을까?
- 보리스와 아모스는 서로에게 어떤 도움을 주었을까?

3단계,
삶에 적용하기

3단계는 책의 내용을 삶으로 가져와 적용해 보거나, 사회문제로 연결하여 토론자의 생각을 가장 깊게 나누어 볼 수 있는 단계로, 이야기식 독서토론의 핵심이기도 합니다. 한 권의 책을 나와 우리 사회의 문제로 확대해 활력 있는 토론을 하기 위해서는 3단계 질문을 잘 만드는 것이 무엇보다 중요합니다.

그렇지만 막상 내 삶에 적용하고 우리 사회의 문제와 연결하는 질문을 만들어 보라고 하면 아이들뿐만 아니라 어른들마저도 어려워하는 건 마찬가지입니다. "무슨 말인지 잘 모르겠어요", "어떻게 만드는지 모르겠어요", "한 번 더 설명해 주세요", "예를 하나 들어 주세요"라는 요청은 3단계 질문 만들기를 알려 주면서 가장 많이 들었던 말입니다.

1단계와 3단계 질문을 헷갈려하는 경우가 종종 있습니다. 1단계와 3단계는 모두 정답이 정해져 있기보다 자신의 생각을 말할 수 있는 질문으로 대화한다는 점에서는 공통점이 있습니다. 그러나 3단계 질문은 '내가(우리 사회가) ~하는 것이 과연 올바른가?', '나라면 A와 B중 무엇을 선택할 것인가? 그 이유는?' 등과 같이 찬반논제나 선택논제로 깊이 있는 생각을 교류할 수 있습니다. 또한 책의 핵심적인 내용이나 시사점, 저자가 말하고자 하는 메

시지, 독자가 발견한 나름의 가치나 핵심 키워드를 바탕으로 각
자가 자신의 삶에 견주어 보고 적용해 보거나, 사회문제와 연결
하여 함께 이야기하고 싶은 질문으로 대화를 한다는 점에서 논점
의 대상과 토론의 깊이가 다르다고 할 수 있습니다.

3단계 질문, 이렇게 만들어요

『슈퍼 거북』

끊임없는 도전으로 열심히 사는 삶과 현재에 만족하며 나답게 사는 삶,
어떤 삶을 살고 싶어?

슈퍼맨은 크립톤이라는 외계행성에서 온 초능력자입니다. 눈에서 레이저가 나오고 입에서는 강력한 바람이 나옵니다. 하늘을 날아다니고 비행기도 가볍게 들어 버리는, 현실에 존재하기 힘들지만 어릴 적 누구나 한 번쯤 꿈꿔 본 초능력자죠.

아마도 이 거북이가 슈퍼맨을 닮았나 봅니다. 엄청나게 힘이 세고 하늘을 날 수도 있을 것 같으며 굳게 다문 입에서는 태풍 같은 바람이 나오고 부릅뜬 두 눈에서는 레이저 광선이 나올 듯한 거북이입니다. 머리띠에 적힌 '빠르게 살자'를 보니 아마도 엄청 빠른 거북이인 것 같습니다.

한 장을 넘기니 우리가 알고 있는 토끼와 거북이의 경주 얘기로 시작합니다. 토끼가 달리기 경주 중에 한숨 자다가 거북이에게 진 그 경주 이야기. 어? 내가 이미 아는 토끼와 거북이 얘기잖아. 슈퍼 거북은 어디 갔지? 급한 마음에 얼른 한 장을 더 넘깁니다. 토끼와의 달리기 경주에서 이겨 스타가 된 거북이 꾸물이의 모습이 나오네요. 하늘을 날고 눈에서 레이저가 나오는 슈퍼 거북을 예상했었는데…. 예상과 달라 살짝 실망했지만 스타가 되어 카퍼레이드를 하는 꾸물이의 뒷얘기가 궁금해져 찬찬히 읽어 봅니다.

갑자기 스타가 되면 어떨까요? 사람들이 자신을 알아보고 온 거리의 사람들이 자신을 흉내 내며 다닌다면 어떤 기분이 들까요? 아마도 스타가 된 슈퍼 거북 꾸물이의 마음은 날 듯이 기뻤을 것입니다. 자신의 이름을 딴 빵집, 안경점, 극장도 생겼고, 병아리도 얼룩말도 원숭이도 개구리도 거북등껍질을 메고 다녔습니다. 달리기 경주 한 번으로 엄청난 슈퍼스타가 되었습니다. 사실 달리기 시합에서 느림보 거북이가 자기를 절대로 이길 수 없다고 자만한 토끼가 한숨 자는 바람에 거북이가 우승을 거머쥔 것인데 말이죠.

어느 날 길을 가다 동물들의 수군거리는 소리를 들은 꾸물이는 결심을 합니다. '빠르게 살자'가 적힌 머리띠를 매고 빨라지는 방법을 찾아 온갖 책을 다 읽고 따라 하기 시작했습니다. 물이 든

욕조에서도 달리기 연습을 하고 라면을 먹으면서도 달렸습니다. 강력한 바람이 부는 선풍기 앞에서도 달리고, 낙하산을 메고 달리기 연습을 했습니다. 꾸물이처럼 매일 연습을 한다면 누구라도 빨라질 것 같습니다. 빨라지기 위해 안간힘을 쓰는 꾸물이가 대견하고, 부럽기까지 했습니다. 점점 빨라지는 꾸물이를 보면서 나도 모르게 응원을 했습니다. 뭔가를 끝까지 해내지 못하는 나 자신을 살짝 나무라기도 하는 사이, 꾸물이는 진짜 슈퍼 거북이 되었습니다. 이렇게 이야기가 끝이 날 것 같은데 이야기는 아직 더 남아 있습니다. 슈퍼 거북이 된 꾸물이가 살짝 지쳐 있습니다. 힘들어하는 모습이 보입니다. 꾸물이에게 무슨 일이 일어날까요?

→ **3단계 질문**

• 내가 원하는 삶과 남에게 보여 주고 싶은 삶 중 어떤 삶을 살고 싶나?

• 실패를 극복하고 다시 '최고'의 자리에 선 사람의 삶과 한 번의 실패로 자신의 가능성을 외면하고 다시 유유자적한 삶으로 돌아간 사람의 삶 중 어떤 삶이 더 행복할까?

• 타인을 이겨야만 성공하는 것일까?

• 실패해도 행복할 수 있을까?

• 남과 경쟁하지 않고도 성공할 수 있을까?

• 사회에서 성공하지 못하더라도 내가 원하는 삶과 주위의 기대와 관심 때문에 성공하려고 노력하는 삶 중 나는 어떤 삶을 살고 싶나?

- 주위의 기대와 관심 때문에, 혹은 타인에게 보여 주기 위해 성공하려고 노력한 적이 있나?
- 특정인에 대한 지나친 관심에 대해 어떻게 생각하나?
- '빨리빨리'의 한국사회에서 어떻게 살아야 할까?
- 왜 경쟁에서 이겨야만 영웅이라 칭송할까?
- 한 가지 유행이 시작되면 금방 트렌드가 되는 현상의 문제점은?
- 빠르게 살아가는 것이 좋은 것인가?
- 요즘은 인스타그램 같은 SNS에 보여 주기식 삶이 유행인데, 사람들의 시선을 신경 쓰지 않고 사는 방법은?
- 끊임없이 고통을 감내하면서 최고가 되기 위해 노력하는 삶은 행복한 삶인가?
- 경쟁에서 졌을 때 우리는 패배를 인정하고 박수쳐 줄 수 있는가?
- 스타에 대한 대중들의 기대는 어디까지인가?

『투발루에게 수영을 가르칠 걸 그랬어!』

나 혼자선 어렵겠지만 함께라면 구할 수 있을지도 몰라.
지금도 서서히 물에 잠기는 아름다운 산호섬 투발루를.

지구온난화로 극지방의 빙하와 만년설 등이 녹으면서 해수면이 상승해 머지않아 지도에서 사라질 위기에 처한 나라, 아홉 개의 섬에 약 만여 명의 인구가 살고 있고 뱀 모양으로 길쭉하며 가라앉는 섬이라 불리는 나라, 1978년에 영국으로부터 독립하였으며 독립하기 전에는 엘리스 아일랜드로 불렸던 나라, 로자와 투발루가 사는 나라, 여기는 어디일까요?

로자와 고양이 투발루는 함께 자고 밥도 같이 먹고 늘 함께 노는 단짝 친구입니다. 하지만 딱 하나 다른 게 있습니다. 바로 수영입니다. 로자는 수영을 좋아하지만 투발루는 물을 너무나도 싫어해서 로자가 수영을 할 때면 투발루는 숲에서 놉니다. 하지만 집으로 돌아가는 길에는 꼭 다시 만난답니다. 투발루가 길에서 로

자를 기다리고 있거든요. 로자는 투발루에게 수영을 가르쳐서 함께 놀고 싶었지만 투발루는 그때마다 소리를 치며 싫다고 합니다. 투발루는 정말로 물이 싫은가 봅니다. 어느 날 저녁 로자의 집 마당으로 바닷물이 밀려 들어왔습니다. 물은 자꾸만 불어났습니다. 투발루는 물을 피해 야자나무 위로 올라가 울었습니다. 로자는 나무 위에서 떨고 있는 투발루를 안고 내려왔습니다.

로자네 가족은 곧 투발루를 떠나야 합니다. 빙하가 녹아내려 바닷물이 불어나 나라 전체가 물에 잠기게 된다고 합니다. 정든 투발루를 떠나야 하는 로자의 마음은 슬프기만 합니다. 떠나기 전 투발루와 마을을 돌아보던 로자는 평소처럼 바다로 향합니다. 투발루도 함께 따라나섭니다. 그런데 큰일 났습니다. 떠날 시간이 되었는데 투발루가 돌아오지 않는 것입니다. 아빠와 로자는 큰소리를 치며 투발루를 찾았지만 끝내 투발루는 보이질 않습니다. 로자는 비행기 창밖으로 보이는 투발루를 보며 '투발루에게 수영을 가르칠 걸 그랬어'라며 후회하고 또 후회합니다.

로자가 살았던 투발루는 지구온난화로 인한 해수면의 상승으로 나라가 점점 잠기고 있어 2060년쯤 되면 대부분의 섬이 바다에 잠긴다고 합니다. 로자는 어디로 갔을까요? 아직 떠나지 못한 투발루 사람들은 어디로 가야 할까요?

- 기후 난민을 도와줄 책임이 있는가?
- 기후변화협약과 경제발전 중 무엇이 더 중요한가?
- 지구온난화는 인재가 맞는가?
- 다른 나라의 난민을 받아들이는 정책은 괜찮은가?
- 나의 생활 습관 속에 투발루를 물에 잠기게 하는 것은 무엇이 있을까?
- 투발루에 남은 사람들은 어떻게 되는 것일까?
- 국가는 로자네 가족에게 어떤 보상을 해주어야 할까?
- 앞으로 빙하가 더 녹지 않게 하기 위해 함께 노력할 일은?
- 투발루에 투발루처럼 버려지는 반려 동물들은 어떻게 될까?
- 내 마음속 투발루는 무엇일까? 환경오염으로부터 지키고 싶은 소중한 것 한 가지와 그 이유는?
- 투발루가 아닌 다른 나라가 환경오염을 책임지는 방법은 무엇일까?
- 만약 갑자기 집과 고향을 버리고 어쩔 수 없이 이민을 가야만 한다면?
- 집을 잃은 많은 사람들이 안전한 어느 한 장소로 모이게 되면 어떤 문제가 생길까?
- 지구온난화가 계속된다면 내 후손들은 어떻게 될까?
- 지구온난화와 같은 환경문제를 조금이라도 개선하기 위해서 우리는 어떻게 해야 할까?
- 새로운 환경에서 잘 적응하려면 어떻게 해야 할까?

『복제인간 윤봉구』

가까운 미래에 인구 절벽 시대가 온다면 복제인간을 만들어도 되는 것일까?

제목과 표지를 보고는 복제인간에 대한 책이려니, 복제된 또 다른 윤봉구가 이런저런 사건사고를 만들어 가는 이야기려니 예상했었고, 읽는 동안에는 다음 이야기가 궁금해서 한달음에 읽어 내려갔습니다. 책을 다 읽고 나서는 양파를 꼭 잡고 칼질에 열중하는 세계 최고의 짜장면 요리사 윤봉구의 모습이 눈에 선합니다. 아니 사실은 칼질에 집중하는 봉구에게 살짝 감동받았다고나 할까요. 이렇게 읽기 전과 읽는 중, 그리고 읽고 나서의 마음과 생각이 확연히 달랐던 책도 드물었습니다.

표지 속 오리지널 윤민구와 카피 윤봉구를 한 번 더 보고 책을 덮었습니다. 그리고 눈을 감았습니다. 책의 내용과 책을 읽으면서 상상했던 것, 내 마음속에 일어났던 여러 가지 생각과 추억들, 그리고 2편에 대한 기대감이 뒤죽박죽 섞여서 마구잡이로 일어났습니다.

"형은 진짜잖아, 가짜는 아니잖아." 복제인간 윤봉구는 원본인 윤민구에게 소리쳤습니다. 형, 윤봉구의 원본. 그렇습니다. 윤봉구는 과학자인 엄마가 윤민구를 Ctrl+C, Ctrl+V 해서 만든 복제인간입니다. 아무도 몰랐던, 아니 엄마와 엄마를 도와준 이모밖에 모르던 그 사실을 원본과 복제본이 알게 된 것입니다. 열두 살, 초등학교 5, 6학년의 나이에 자신이 복제인간이라는 사실을 알게 된다면 도대체 어떤 느낌이 들까요? 복제인간 봉구의 마음, 그리고 원본인 민구의 마음을 저는 상상하기도 어렵습니다. 그런데 아무도 모를 것 같던 그 사실을 또 다른 누군가가 알고 있다면요?

'나는 네가 복제인간이라는 것을 알고 있다.' 세계 최고 짜장면 요리사를 꿈꾸던 평화롭던 봉구의 앞으로 전달된 한 통의 편지로부터 시작되는 반전의 반전 스토리, 유머에다 감동, 예상치 못한 반전까지! 정말 백미 중의 백미인 책! 나도 다른 사람들에게 소중한 존재라는 것에 대해 감사하고 행복한 마음이 들었다.

어린이 심사위원의 강력 추천 한마디마저 멋진, 어린이 심사위원 100명이 선택한 스토리킹 수상작이네요. 모처럼 짜장면이 먹고 싶은, 아니 나도 봉구처럼 내 손으로 직접 짜장면을 만들어 보고 싶다는 생각이 들게 만든 맛있는 책입니다.

→ **3단계 질문**

- 내가 기자라면 복제인간이 있다는 사실을 알았을 때 사람들에게 알릴 것인가?
- 만약 내가 복제인간이라면 우리 가족 중 심장이 안 좋은 사람이 있을 때 떼어 줄 수 있는가?
- 복제인간으로 살면 자기선택권이 없어도 되는가?
- 복제인간을 만든 사람과 키운 사람이 다르다면 누구를 부모로 생각해야 되는가?
- 저출산 시대가 오거나 아이를 못 낳는 사람들은 복제인간을 만드는 게 낫지 않은가?
- 복제인간이 세상에 나타난다면 사람들은 어떻게 반응할까?
- 내가 만약 복제인간이라면 행복할까?
- 복제인간이 실제로 있다면 사회에서 어떤 역할을 해야 할까?
- 사람들은 왜 복제인간을 만들려고 할까?
- 내가 믿고 좋아했던 사람이 나를 배신한다면 나는 어떻게 할까?
- 힘든 환경에서도 나를 낳아 준 것이 진짜 사랑일까? 나를 키워 준 것이 진짜 사랑일까?
- 내 모습 중 마음에 들지 않는 점이 있다면 무엇인가? 없다면 그 이유는?
- 복제인간은 진짜 인간인가?

함께 토론할 주제,
어떻게 찾나요?

각자가 만든 1~2단계 질문으로 대화를 통해 자신의 경험과 배경 지식을 나누고 전반적인 책의 내용에 대한 이해도를 높였다면, 한걸음 더 들어가 책의 내용을 바탕으로 자신의 삶에 적용해 보고 사회문제와 연결한 3단계 질문으로 찬반논제, 선택논제, 의제를 만들어 보다 더 확장된 대화를 해볼 수 있습니다.

하나의 주제로 깊이 있게 토론하려면, 다양성을 추구하기보다 하나의 논제로 다 함께 토론하는 것이 좋습니다. 먼저 각 그룹에서 작성한 3단계 질문 중 함께 얘기해 보고 싶은 질문에서 논제를 끌어내어 개별로 하나씩 발제합니다. 그런 다음 그룹에서 토의를 거쳐 개별로 뽑은 논제 중 하나를 고르거나, 융합하여 새로운 논제를 만듭니다.

학생들의 경우, 여러 명이 내놓은 논제 중에 하나를 선택하라고 하면, 처음에는 함께 이야기를 나누고 고민을 하다가 나중에는 가위바위보를 해서 이긴 사람의 질문을 뽑는 경우가 많습니다. 그렇게 운에 기대어 논제를 뽑으면 손쉽게 하나를 고를 수 있고, 서로 마음이 상하지 않을 수도 있습니다(어떤 것이 선택되어도 괜찮을 만큼 모두 엇비슷하다고 판단될 때는 그런 방법도 나쁘지 않습니다). 토의를 했음에도 불구하고 하나의 논제를 조율하기 어려운 경우에는, 여러 명이 발제한 논제 중 각자 마음에 드는 것을 투표로 결정하여 가장 많이 선택된 것을 뽑는 방법과, 발제된 것 중 토론거리와 가장 거리가 멀다고 생각되는 논제를 하나씩 소거해 나가는 방법을 적용해 볼 수도 있습니다.

각 그룹에서 논제가 정해지면, 그룹에서 뽑힌 논제를 공유하는 시간을 가집니다. 각 그룹의 대표들이 그룹에서 정한 논제를 소개한 후 투표나 거수를 통해 하나의 논제를 선택하여 독서토론을 진행하는 것입니다.

뷔페 토론으로
맛있게 토론하기

토론자 모두가 하나의 주제로 토론하는 방법 대신, 각 그룹에서 정한 다양한 논제로 자유롭게 이동하며 토론에 참여하는 뷔페 토론이나 월드카페 토론을 할 수도 있습니다.

뷔페 토론은 월드카페처럼 각 그룹에서 만든 논제들을 골고루 토론해 볼 수 있는 기회를 제공하는 토론 방법으로, 제가 임의로 명명한 것입니다. 모두가 흥미 있는 주제를 찾아 자유롭게 이동하며 토론에 참여하는 점은 월드카페 토론과 유사하지만, 뷔페 토론은 각 그룹의 호스트를 정하지 않는다는 차이점이 있습니다.

이런 경우에는 제시된 여러 가지 주제 중에서 자신이 끌리는 주제에 참여하여 토론을 하게 되므로, 토론자들의 자발적이고 능동적인 참여를 이끌어 낼 수 있는 장점이 있습니다. 주제를 바꿔 토론할 때마다 새로운 사람들과 만나 이야기를 나누게 되므로, 다양한 생각들을 들어 볼 수 있어 관점을 넓히고 사고를 확장하는 데 많은 도움이 됩니다.

만약 뷔페 토론 후 하나의 논제를 선택하여 깊이 있게 토론을 해보고 싶다면, 논제를 맛본다는 느낌으로 뷔페 토론을 가볍게 진행하면 됩니다. 그런 후 여러 그룹 논제들 중 다 같이 토론해 볼 하나의 논제를 선택하여 한 번 더 토론을 해보면 됩니다. 이때, 대화의 점유율을 높이기 위해 일대일 회전식 토론과 의도적으로 찬반 또는 선택의 입장을 바꿔 가면서 이야기해 볼 수 있도록 프로콘 토론을 융합하여 진행하면 논제에 대해 찬반의 두 가지 측면에서 모두 생각해 보게 됩니다. 그렇게 하면 상대방의 근거가 적절할 때 자신의 생각을 바꿀 수 있는 개방성을 키우는 데 도움이 됩니다. 뷔페 토론 후, 자신이 토론했던 주제 중 하나를 골라 논제 글쓰기를 해볼 수 있습니다.

이번 이야기식 독서토론이 기억에 남는 이유는, 여러 가지 활동 중에서 뷔페 토론과 같은 특별한 활동이 있었기 때문이다. 형식적으로 토론을 하는 게 아니라 내가 원하는 곳에 가서 토론할 수 있었기 때문에 특별했다. 논제 글쓰기도 그렇다. 그냥 독서감상문을 쓰는 것이 아니라 토론을 하고 논제로 글쓰기를 했기 때문에 특별했던 것 같다. 글쓰기를 하는 게 조금은 재밌어진 것 같다.

회전식 토론과는 다르게 내가 원하는 대로 이동하면서 여러 친구들과 다양한 주제로 토론을 할 수 있어서 좋았다.

이야기식 독서토론 방식대로 아이들은 각 단계별로 질문을 만들고 모둠 내에서 대화를 나눕니다. 3단계가 끝나고 하나의 논제로 학급 전체가 함께 토론을 하기 위해 먼저 각자 만든 3단계 질문 중 하나를 골라 창문 토의를 거쳐 그룹 논제를 만듭니다. 이렇게 만들어진 여섯 개의 소그룹 논제로 뷔페 토론을 진행합니다.

한 주제당 2~5분의 제한 시간이 주어집니다. 아이들은 여섯 개의 그룹 논제와 체크리스트가 있는 핸드아웃을 들고 자신이 끌리는 논제가 있는 모둠으로 자유롭게 이동합니다. 한 논제로 네 명이 앉아 토론할 수 있기 때문에 좌석이 차면 알아서 눈치껏 빈자리를 찾아갑니다. 자유롭게 이동하다 보니 자신이 흥미롭게 생각하는 논제에 다른 사람이 먼저 앉아 버리는 경우도 발생합니다. 그래서 비어 있는 자리를 찾아 앉다 보면 이미 토론했던 주제를 다시 만나게 되는 일도 더러 있습니다. 그때는 선생님이 적절하게 개입하여 아이들에게 동의를 구하고 자리를 조정합니다.

뷔페 토론 후, 학급 전체가 다 함께 토론해 볼 논제를 거수로 선택합니다. 한 사람이 논제를 한 개만 선택하게 하는 반도 있고,

선택의 폭을 넓혀 주어 두 개 또는 세 개를 고르게 하는 반도 있습니다. 이렇게 선택된 하나의 논제로 회전식 토론과 프로콘 토론을 융합하여 다시 깊이 있게 토론을 이어 갑니다.

3장

글쓰기로
깊어지는
독서토론

독서토론에
글쓰기를 더하다

토론은 한 세계와 또 한 세계의 만남입니다. 토론을 하다 보면 나와 생각이 비슷한 사람도 만나지만 생각이 전혀 다른 사람도 만나게 됩니다. 토론을 통해 서로의 생각이나 느낌, 지식과 감정을 나누고, 그런 경험을 통해 알게 된 것들은 나의 배경지식이 되기도 하고, 나의 가치관을 형성하는 데 영향을 미치기도 합니다.

글이 가지고 있는 장점 중 하나는 정리와 보관이라고 할 수 있습니다. 어떤 이들은 자신의 생각과 느낌에 대해 아무런 흔적을 남기지 않습니다. 또 어떤 이들은 그때그때의 생각을 편하게 일기로 쓰기도 하고, 어떤 이들은 기사로 써서 대중들에게 알리기도 하고, 어떤 이들은 책으로 많은 사람들과 공유하기도 합니다.

생각은 오래지 않아 희미하게 되고, 말도 마찬가지로 입 밖으로 내뱉는 순간 허공으로 흩어집니다. 다양한 방법으로 공부한 다음 24시간 뒤에 우리 두뇌에 기억되는 비율을 학습 활동별로 정리한 르윈(Lewin)의 학습 효율 피라미드를 보면, 토론 후 하루가 지나면 50%가 기억에서 사라진다고 합니다. 쉽게 잊혀질 수 있는 생각이나 말은 글이라는 형태로 정리하고 보관할 필요가 있습니다.

이는 단순히 생각을 정리하고 보관하는 차원을 넘어, 자신의 생각을 반추해 보고, 타인의 의견을 다시 한번 음미하는 과정에서 적절한 근거를 수용하여 생각을 전환시키는 개방성을 키우고, 관점을 확장하여 통합적으로 사고하는 데 도움이 됩니다. 특히, 내 삶에 적용하고 우리 사회의 문제와 연결하는 3단계 질문으로 토론을 하게 되면, 등장인물의 삶이 내 삶으로 쑥 들어오게 됩니다. 그리고 책 이야기가 내 이야기가 되는 전이가 일어납니다. 줄거리를 넘어서서 내 삶과 우리 사회의 문제를 반영한 생생한 느낌의 글을 쓸 수 있게 되는 것이죠.

한 문장 글쓰기, 생각과 느낌을 함축적으로!

한 문장 글쓰기는 책을 읽고 느낀 바를 한 문장으로 표현해 보는 활동입니다. 한 문장으로 소감을 써 보자고 하면 글쓰기를 어려

위하는 사람들도 부담감을 덜 느끼게 됩니다. 하지만 실은 책 한 권을 읽은 소감을 한 문장으로 쓰는 것이 더 어려울 수도 있습니다. 생각과 느낌을 함축적으로 담아내야 하기 때문입니다. 다음은 『사라, 버스를 타다』를 읽고 선생님들이 쓴 한 문장 소감입니다.

『사라, 버스를 타다』

- 내가 겪은 차별에 사라처럼 용기 있게 나서지를 못했는데, 문제 상황에서 내가 먼저 나선다는 것은 생각보다 훨씬 어려운 일이라는 것을 다시금 생각해 보게 되었다.
- 나는 평소 육신의 평안, 심리적 안정을 위해 사회문제에 관심을 가지지 않았는데, 사라를 보며 이제 합당한 문제에 대해서는 당당히 나의 주장과 의견을 펼치려는 노력을 해야겠다는 생각을 하게 되었다.
- 부조리한 것을 바꾸는 '용기'에 대해 생각해 보는 시간이 되었고, 나에게도 이런 용기가 있는가라는 질문을 받았을 때 스스럼없이 '있다'라고 답한 스스로에게 조금 놀랐다.
- 선생님들과 우리 사회의 부당함을 어떻게 판단할 수 있는지에 관해 이야기를 나누었는데 한 분이 "사실은 다들 마음속으로 느끼고 있지 않을까"라고 하셔서 모른 척하고 있는 것도 부당하다는 생각이 들었다.
- 사회에서 바뀌었으면 하는 일들에 대한 생각은 많으나 실천력이

부족하여 못 해본 것들에 대한 아쉬움과 자괴감이 들었다.

함께 글쓰기,
여럿이 하나가 되다

함께 글쓰기는 모둠원이 각자 한 문장씩 쓴 소감을 모아 한 단락 정도의 짧은 글쓰기를 함께 해보는 표현활동입니다. 같은 내용을 읽어도 각자 울림이 있는 지점은 다를 수 있기 때문에, 이런 형태의 글쓰기는 각자 한 문장으로 글을 쓸 때에 비해 내용이 더 풍성하고 관점도 다양할 수 있습니다.

먼저 각자가 한 문장 글쓰기를 한 다음, 토의를 하며 문맥이 자연스럽도록 순서를 배치합니다. 연결이 자연스럽게 하기 위해 다른 사람의 글을 첨삭하거나, 혼합하고 융합할 때는 반드시 함께 의논하여 결정하도록 해야 합니다. 글의 완성도를 높인다는 명분으로 특정인의 글을 동의 없이 임의로 삭제하거나 수정한다면, 글쓴이의 마음이 상할뿐더러 다시는 이런 활동에 참여하고 싶지 않을 것입니다. 하지만 글자 한 자를 고치더라도 충분히 토의하고 상의한다면, 그 과정에서 협업에 대한 즐거움도 맛보고 성취감도 느낄 수 있을 것입니다. 그래서 어떤 이들은 오히려 한 문장 글쓰기보다 함께 글쓰기를 더 선호하기도 합니다. 아이들의 한 문장 한 문장이 어떻게 하나의 글이 되는지 확인해 볼까요?

『행복을 나르는 버스』

각자 한 문장 글쓰기 ✎

- 사소한 것에도 사랑과 행복이 듬뿍 들어가 있는 것 같다.
- 우리 일상과 엮인 아름다움과 행복에 대해서 많은 것을 배울 수 있었다.
- 우리가 지나쳐 버린 여러 가지 아름다움을 보았다.
- 말과 행동, 버스 안 사람들이 가진 아름다움이 신비롭고 창의적이었다.

네 명이 함께 글쓰기 ✎

우리가 지나친 여러 아름다움을 보며 신비롭고 창의적인 아름다움을 느꼈다. 이 책에는 작고 사소한 것에도 사랑과 행복이 들어가 있는 것 같았다. 또 일상과 엮인 아름다움과 행복에 대해서도 많은 것을 배울 수 있었다.

핵심 키워드 글쓰기, 초점을 맞춰 볼까요?

전체의 내용을 함축하는 핵심 키워드를 찾으면, 중언부언하지 않고 내용을 초점화하여 말할 수 있게 됩니다. 글쓰기 역시 각자 깊이 있게 고민하고 토론했던 지점이나 저자가 전달하려는 메시지 등에서 핵심 키워드를 찾아 그것을 중심으로 글을 쓰게 되면 자연스럽게 내용에 대해 깊이 있게 생각하게 됩니다.

책 속에는 우리 삶에서 발견할 수 있는 다양한 갈등과 쟁점이 내포되어 있습니다. 인물 간의 견해차나 사건의 충돌 등 글 속에 내재된 갈등은 곧 사회문제와 연결해 볼 수 있는 단서가 되기도 합니다. 만약 등장인물에 초점을 두어 나눔, 신용, 감사, 초연, 중용, 너그러움 등의 가치를 핵심 키워드로 선정한다면 그것이 내 삶에 어떻게 적용되고 사회문제와 어떻게 연결되는지, 문제 해결에는 어떤 도움이 되고 기여를 할 수 있는지에 관해 한 번쯤 숙고하게 됩니다.

핵심 키워드를 찾을 때는 버츄카드°나 씨앗-프리즘 카드°° 등의 자료를 참고하면 생각을 구체화하는 데 도움이 됩니다. 물론 제시된 자료의 범주 안에 말하고자 하는 핵심 키워드가 없을 경우에는 자료에 구애받지 말고 원하는 키워드를 선정하면 됩니다.

° 감사, 배려, 겸손, 사랑, 화합 등 52가지 미덕이 적혀 있는 카드이며 주로 교육도구로 사용됩니다. 뽑은 카드에 적힌 미덕에 대해 생각해 보고, 다른 참여자와 이야기를 나누는 방식으로 활용됩니다. (제작 : 한국버츄프로젝트)

°° 씨앗-프리즘 카드는 64장의 카드로 구성되어 있는데 한 면에는 이미지가 있고, 다른 한 면에는 미덕이 적혀 있습니다. 미덕은 총 63개가 적혀 있어 카드 한 장은 미덕 없이 이미지만 담겨 있습니다. 자신의 생각이나 감정을 표현해 주는 이미지나 미덕을 골라서 다른 이들과 소통하는 방식으로 활용됩니다. 각 카드의 이미지와 단어 사이에 정해진 연관성은 없습니다. (제작 : 학토재)

『행복을 나르는 버스』

: 꿈 / 학생

행복을 나르는 버스에서는 현실에서 일어날 수 없을 것 같은 마치 꿈 같은 마법들이 일어난다. 데니스 기사 아저씨가 시제이의 귀 뒤에서 손을 휘저으며 동전을 꺼내는 마법, 기타 치는 아저씨의 아름다운 연주가 시제이와 할머니 근처에서 일어난다. 할머니는 늘 웃으며 시제이에게 가르침을 주고 그러한 과정 속에서 시제이는 배움을 얻는다. 하지만 항상 웃고 있는 할머니는 무료급식소에서는 웃지 않는다. 어떤 곳에서도 웃는 할머니가 나눔과 사랑이라는 미덕이 있는 무료급식소에서는 웃지 않는다는 게 마치 꿈에서 깨어나 차가운 현실과 마주한 것 같아 보인다. 꿈이라는 마법의 세계에서 벗어나 차갑고 가난한 현실과 마주할 때의 느낌은 어떨까? 항상 웃는 할머니조차도 냉혹한 현실 앞에서는 미소가 사라져 버린다. 이 책에서 나는 꿈의 중독성과 냉혹한 현실을 동시에 느낀다. 그래서 한동안 머릿속에서 떠나지 않을 것 같다.

『리디아의 정원』

: 희망 / 학생

리디아는 아빠의 실직으로 가정형편이 어려워져 짐 외삼촌 댁으로 갔지만 늘 희망을 잃지 않고 긍정적으로 행복하게 사는 아이다. 작가는 불행한 상황에서도 자신이 좋아하는 꽃을 가꾸며 밝게 살아가는 리디아처럼 우리에게 희망을 심어 주기 위해 이 글을 쓴 것 같다. 가끔씩 내가 원하는 걸 엄마에게 말했을 때 "안돼!"라고 한마디로 딱 잘라서 말씀하셔도 '다음에 사 주시겠지', '언젠가 해주실 거야'라고 생각하며 희망을 버리지 않는다. 또 나에게 안 좋은 일이 생겨도 '그래, 다시 좋은 일이 생길 거야'라며 희망의 끈을 절대 놓지 않는다. 이런 점은 리디아와 내가 닮은 것 같다.

논제 글쓰기,
짝꿍을 설득하자

토론 후 자신의 생각이나 의견을 주장하는 글을 쓸 때는, 논제에 대한 자신의 주장과 함께 그것을 받쳐 줄 적절한 이유나 근거를 써야 합니다. 그렇다면 이유와 근거는 어떻게 다를까요? 주장이나 이유가 자기 생각이나 의견이라고 하면, 근거는 이유를 뒷받침할 만한 객관적인 자료입니다. 그러므로 논제로 자신의 주장을 펼치는 글을 쓸 때는 주장과 이유를 쓰고 타당한 근거를 반드시 제시하는 것이 좋습니다.

『행복을 나르는 버스』

: 돈이 현재보다 많아지면 지금보다 더 행복해질 수 있다 / 교사

최근 몇 달 동안 행복에 관한 책들을 많이 읽어 보았습니다. 행복의 실체에 대해서 궁금했기 때문입니다. '행복하자고 하는 일이잖아요'라고 말하는 어떤 연예인의 말에서 '우리가 행복을 좇아야 하는가? 한다면 왜?'라는 의문이 들었고 과연 그 행복이 뭔가에 대해 저의 삶을 되돌아보면서 경제력과 행복과의 관련성을 생각해 보았습니다.

평범한 시골에서 자라면서 불행했던 기억은 생각이 나지 않네요. 부모님께 혼나고 형제들과 싸우고 친구들과 싸워 기분이 나빴던 기억은 더러 있고 고무신을 신다가 운동화를 선물받았던 감동스런 기억, 소풍 갈 때의 도시락 때문에 생겼던 부끄러움, 보물찾기를 하던 두근거리는 마음 등의 소소한 행복감도 더러 있습니다. 저는 행복했지만 부모님은 어떠셨는지는 모르겠습니다.

불행이라는 것과 비슷한 단어들을 생각한 것은 고등학교 때부터였던 것 같습니다. 성적과 대학입학, 부모님의 경제력과 대학의 선택이라는 혼란스러운 감정들. 성적은 감내할 수 있는 것이었고 돈은 감내하기엔 어려웠지만 적당히 잘 넘어갔습니다.

어른이 되고 결혼을 하고 주변에 돈이 많은 사람들을 알게 되면서 돈이 많고 적음에 대해 생각을 하기 시작했습니다. 돈이 많았으면 좋겠다는 생각을 많이 했고 펀드나 주식, 부동산 등에 대해

서 관심을 갖기 시작했습니다. 적당히 저금도 했고 적당히 투자도 했습니다. 아이들이 커 가면서 돈은 더 필요했습니다. 학원도 보내고 여행도 갔습니다. 가끔 사고 싶었던 물건들을 살 수 있어서 좋았지만 비싸고 좋은 물건을 사야 할 일도 더 많이 생겼습니다. 더 많은 돈이 필요했습니다. 그래도 어린 시절보다는 엄청나게 많이, 결혼 초기보다는 더 많은 돈이 생겼습니다. 집도 생겼고 승용차도 생겼습니다. 그래도 내 주변에는 돈이 많은 사람이 훨씬 많았습니다. 더 좋은 집에 더 좋은 차를 타고 다니는 사람이 더 많아졌습니다. 타인과 비교를 하기 시작하면서 돈에 대한 고민은 더 많아졌습니다.

만족이라는 것을 알게 된 것은 비교적 최근입니다. 가끔은 더 좋은 것을 갖고 싶다는 생각을 하기도 하고 부자들과 비교를 하기도 합니다. 그렇지만 현재의 것에도 만족합니다. 더 좋은 것이 주는 편리성을 알지만 그것이 나를 더 행복하게 해주지는 않는다는 것을 알게 되었기 때문입니다. 어떤 불편함은 나를 더 행복하게 해준다는 것도 알게 되었습니다.

돈은 개인의 행복에 큰 영향을 미칩니다. 다만 행복을 무엇이라고 정의하느냐에, 그리고 타인과 비교하는 개인의 돈에 대한 관점에 따라 그 영향력은 크기도 하고 미미하기도 합니다. 적어도 현재의 저에게는 돈이 행복을 좌지우지하지 않습니다. 주말의 산책, 햇살을 맞는 느낌, 달빛 속의 바람 쐬기, 컵라면이 주는 즐거움을 알기 때문입니다. 돈은 그냥 돈일 뿐입니다. 가장 확실한 건 파랑새처럼 행복은 밖에서 찾는 것이 아니라는 것입니다.

『복제인간 윤봉구』

: 내가 복제인간이라면 우리 가족에게 심장을 줄 수 있다 / 학생

만약 나와 똑같이 생긴 복제인간이 있다고 생각하면 정말 신기하고 재미있고 무서울 것 같다. 교실에서 '내가 복제인간이라면 우리 가족에게 심장을 줄 수 있는가?'라는 논제로 독서토론을 했는데 나는 줄 수 있을 것 같기도 하고, 줄 수 없을 것 같기도 하다. 그만큼 결정하기 어렵다는 말이다. 가족 중에 심장이 안 좋아 죽게 된다면 슬픈 일이다. 그럴 때 내 심장을 준다면 아픈 가족을 살릴 수 있게 된다. 그런 생각을 하면 심장을 줄 수 있을 것 같다. 하지만 그렇게 되면 나는 죽게 될 것이다. 심장을 줄 수 없다는 생각이 드는 이유는 아무리 가족이 아파도 나에게도 심장은 반드시 필요하고 주지 않으면 나는 살 수 있기 때문이다. 이 논제는 나에게는 너무 결정하기 어려운 주제인 것 같다. 이 책을 읽기 전에는 이런 문제에 대해 전혀 생각해 보지도 않았는데 이 책 덕분에 많은 생각을 하게 되었다.

『투발루에게 수영을 가르칠 걸 그랬어!』

: 기후 난민을 도와줄 책임이 있다 / 교사

지구온난화와 같은 환경문제는 전 세계적으로 그 원인을 제공한 것이라고 생각하기 때문에 투발루 사람들처럼 기후 난민이 생긴다면 도와주어야 할 도의적인 책임이 있다고 본다. 물론 굳이 도와주지 않아도 법적으로 책임이나 문제될 것은 없다. 그 나라의 문제는 먼저 그 나라의 힘으로 해결할 수 있도록 하는 게 중요하다. 하지만 지구온난화로 땅이 물에 잠기는 상황은 그 나라 자체의 노력만으로는 해결하기 힘들며, 함께 살아가야 하는 글로벌 공동체에서는 서로 돕고 문제 해결을 위해 다 같이 머리를 맞대어 노력해야 할 것이다.

: 기후 난민을 도와줄 책임이 없다 / 교사

기후 난민을 도와주어야 할 책임은 없다고 생각한다. 처음에는 지구온난화의 원인이 모두에게 있기 때문에 다 같이 책임을 져야 한다고 생각했다. 하지만 지구온난화로 인한 기후변화는 전 세계적으로 일어나는 일이며 또한 단시간에 발생한 문제가 아니므로 난민이 발생한 나라에도 그 문제를 도외시한 책임이 있다. 만약 그 나라가 대책을 마련하기 위한 방편으로 도움을 요청한다면 도와줄 수는 있겠지만 그게 아니라면 도와주어야 할 책임은 없다. 우리나라도 중국에서 불어오는 황사와 미세먼지로 인해 고통받고 있어서 예비 기후 난민이라고 생각한다. 그러므로 우리는 우리나라가 당면한 문제를 우선적으로 해결하는 것이 맞다.

가치 글쓰기, 아름다운 보석을 찾아라!

우리 마음속에는 감사나 배려, 신뢰, 한결같음, 초연함 등 여러 가치들이 존재합니다. 내재되어 있는 여러 가치를 발견하고 자신에게 꼭 필요한 미덕을 찾아 성장시켜 나가는 일은 자신의 내면을 더욱 성숙하게 만드는 지름길입니다. 책 속 등장인물이 추구하는 가치나 저자가 전달하려는 가치, 책 속에서 내가 발견한 가치 등을 찾아 그것을 중심으로 글을 쓰게 되면 핵심 키워드 글쓰기와 마찬가지로 자연스럽게 그것에 대해 깊이 있게 생각하게 됩니다.

가치를 찾을 때도 역시 버츄카드나 씨앗-프리즘 가치카드 등 참고할 만한 자료를 보면 도움이 됩니다. 제시된 자료의 범주 안에 자신이 찾는 가치가 없을 경우에는 자료에 구애받지 말고 자신이 원하는 가치를 선정하면 됩니다.

『리디아의 정원』

: 자율, 충직 / 학생

내가 생각하는 '자율'은 자기가 할 일은 자신이 알아서 계획한 뒤 잘 실천하는 것이다. 리디아의 행동과 말은 '자율'이라는 가치를 떠오르게 한다. 리디아는 할머니께 자신이 할 일을 한 뒤 할 수 있는 일을 하겠다고 했는데 그 부분이 무척 인상 깊었다. 그리고 짐 외삼촌을 위해 멋진 옥상 정원 서프라이즈를 직접 계획하고 꾸준히 하루도 빠짐없이 실천하였는데, 이것도 자율에 해당되는 것 같다. 이런 점은 나와 조금 다르다. 나는 항상 계획만 하지 꾸준하게 실천하는 게 약하다. 나는 이런 점은 리디아를 닮아야겠다고 생각했다.

리디아는 외삼촌이 계속 웃지 않더라도 끝까지 충직하게 외삼촌을 위하고 배려한다는 느낌을 받았다. 특히 리디아가 "저는 짐 외삼촌께 아주 긴 시를 지어 드렸어요. 웃지는 않으셨지만 좋아하는 것 같았어요"라는 말을 할 때 진정으로 충직하게 외삼촌을 위해 준다는 생각이 들었다. 나도 사람들을 성급하게 판단하지 않고 배려하고 진심으로 위해 줘야겠다고 생각했다.

우리 부모님께서 운영하시는 영어 학원에 14년을 함께 일하고 계신 선생님이 계신데, 그분 성함이 '짐'이다. 그래서 그런지 더 이 책에 몰입이 되지 않았나 싶다. 리디아에겐 배울 점이 참 많은 것 같다.

『아모스와 보리스』

: 사랑, 지금 / 교사

오래전 저의 마음 한편에 묵직하게 자리 잡고 있는 것이 있었습니다. 내 삶에서 가장 중요한 것은 무엇일까? 어떻게 살면 좋을까? 동경하는 바다를 향해 모험을 떠나는 아모스를 보면서 잠시 동안 묵혀 두고 있었던 중요한 질문을 다시 기억해 내었습니다. 톨스토이는 『세 가지 질문』이라는 책을 통해 본인이 하고 있었던 고민에 대해서 하고 싶었던 말을 합니다.

무슨 일을 할 때 가장 좋은 때는 언제인가?

나에게 가장 필요한 사람은 누구인가?

가장 중요한 일은 무엇인가?

아이들을 가르친 지 10여 년이 지나는 동안 저는 대중이 움직이는 무리 안에 안전하게 있었습니다. 안전한 무리 속에서는 군중이 가는 길을 따라가기만 하면 되었습니다. 저의 길을 찾을 필요가 없었습니다. 저의 삶을 찾고자 했을 때 비로소 저의 질문이 생기기 시작했습니다.

'내가 중요하게 생각해야 할 것은 무엇이며 무엇을 하며 살 것인가?' 가족, 사랑, 교육, 돈, 부모, 친구, 국가경제, 환경, 행복 등등의 리스트를 만들어 보기도 하고 좋은 선생님 되기, 마을 산 일주하기, 책 읽기, 버스 타고 도시 여행하기, 자전거 종주 등의 버킷리스트를 만들어 보기도 했었습니다.

바다를 사랑한 아모스가 부러웠습니다. 좋아하는 아니 사랑하는 무엇이 있다는 것은 큰 복임을 알고 있습니다. 사랑은 자신보다 몇 배나 큰 용기를 만들어 주지요. 아모스는 배를 만들기 시작했습니다. 아모스의 사랑은 호기심과 용기, 바다를 향한 도전으로 이어졌고 모험으로 가득한 바다여행이 시작되었습니다. 보리스와 친구가 되는 장면에서 생각이 많아졌습니다. 전혀 다른 이질적인 타인이 가장 가까운 벗이 될 수 있을까요? 될 수 있다면 그 요인에는 무엇이 있을까요?

아모스의 여행을 따라가다 저의 질문으로 돌아옵니다. 내가 중요하게 생각해야 할 것은 무엇일까? 생각하고 있었던 몇 가지를 떠올려 봅니다. 관계, 지금 이 순간, 목표, 가족, 친구, 자유, 사랑, 존중 …. 가족과 친구를 관계로 묶어 보니 사랑, 관계, 지금, 존중으로 줄여지네요. 사랑은 상대를 있는 그대로 보자는 존중의 의미를 갖고 있다는 걸 생각해 보니 '사랑'과 '지금'의 두 가지로 줄일 수 있겠습니다. 사랑과 지금이라고 적어놓고 보니 그럴싸해 보이네요.

내 인생에서 제일 중요한 일은 사랑하는 사람과 지금을 살아가는 것입니다. 그런데 한 가지 더 질문이 생겼습니다. 지금 무슨 일을 하는 것이 좋을까요?

강점 글쓰기,
나만의 특별함!

'이것'은 시간이 흐르고 환경이 바뀌어도 반복적으로 일어나는 개인의 특성입니다. '이것'은 긍정적일 수도 있고 부정적일 수도 있습니다. '이것'은 긍정특성에 해당됩니다. 또한 '이것'은 개인의 독특성을 잘 보여 주는 성격적인 특성입니다. 기분은 감정을 느끼는 상태이고, 감정은 순간적으로 일어나는 마음의 상태입니다. 반면에 '이것'을 발휘하면 피곤해도 의욕이 솟고 힘이 납니다. '이것'은 바로 강점입니다.

재능은 흔히들 타고나는 것이라고 합니다. 그리고 재능은 의지만으로 습득할 수 있는 것도 아닙니다. 이에 반해 강점은 일관된 심리적 특성이자 평범한 사람들도 얼마든지 습득할 수 있습니다. 우리는 우리 안에 존재하는 강점을 발견할 수 있습니다. 강점을 발견한다는 것은, 나를 행복하게 해주는 방법임과 동시에 내가 가장 잘할 수 있는 일을 할 기회가 매일 있다는 것을 의미합니다. 우리는 강점을 발견함으로써 나와 다른 사람들을 구별해 주고 연결해 주는 도구를 갖게 되고, 일상을 더 효과적으로 이끌어 갈 수 있습니다.

책 속 인물들의 말이나 행동을 들여다보면, 그들 나름의 강점을 발휘하고 있음을 알 수 있습니다. 이야기 속 중요한 사건이나 쟁점이 인물이 가진 강점과 어떻게 연결되고 있는지를 살펴보는 것도 내용을 깊이 있게 이해하는 데 도움이 됩니다.

긍정심리학자들이 분류한 24개의 강점 목록

- 인지적 강점: 창의성, 호기심, 개방성, 학구열, 지혜
- 정서적 강점: 용감성, 끈기, 정직, 활력
- 대인 관계적 강점: 사랑, 친절, 사회지능
- 사회적 강점: 시민정신, 공정성, 리더십
- 지나침으로부터 보호해 주는 강점: 용서, 겸손, 신중성, 자기조절
- 넓은 우주와의 연결성을 추구하고 의미를 부여하는 강점: 감상, 감사, 낙관성, 유머, 영성

『행복을 나르는 버스』

: 호기심 / 학생

시제이는 버스를 타러 가는 길에 비를 맞았다. 그러자 시제이는 "비가 왜 이렇게 많이 와요" 하며 할머니께 질문을 한다. "우린 왜 자동차가 없어요?" 시제이는 계속해서 질문을 한다. 시제이는 할머니께 질문을 많이 한다. 그 말은 시제이가 호기심이 많은 아이라는 것이다. 나도 평소에 엄마에게 질문을 많이 하는데 그런 점에서 시제이는 나랑 조금 닮은 것 같다. 호기심이 적다고 안 좋은 건 아닌 것 같다. 왜냐하면 굳이 호기심이 없어도 자라면서 많은 것들을 자연스레 알게 될 것이기 때문이다. 시제이는 마지막 정

류장 주변의 지저번한 건물들을 보고 할머니께 왜 이곳은 늘 이렇게 지저분한지 질문을 한다. 아름다운 것은 어디에나 있다는 할머니의 말씀에 시제이는 새로운 아름다움을 발견한다. 시제이가 호기심 어린 질문으로 새로운 아름다움을 찾아 가는 모습이 참 보기 좋았다. 호기심은 자신이 궁금한 게 많아지고 여러 가지 방법으로 궁금증을 알아가다 보면 점차 더 커지는 것 같다.

『행복을 나르는 버스』

: 창의성 / 학생

나에게 창의성이란 뭔가 단순하게 새로운 아이디어를 내놓는 것뿐만 아니라 나의 내면의 문제를 해결하기 위해 생각이나 관점을 가질 수 있는 능력도 포함된다고 생각한다. 시제이의 할머니는 다른 사람이 볼 때 아름다움이란 하나도 없을 것 같은 곳에서도 새로운 관점으로 아름다움을 발견했다. 또 시제이는 버스에서 연주되는 노래를 들으며 자신만의 행복을 찾아냈다. 이 둘의 공통점은 자신만의 아름다움을 찾을 수 있는 창의성이 있다는 것이다. 나도 가끔씩 창의성을 발휘할 때가 있다. 엄마와 살짝 서먹서먹할 때 엄마가 좋아하는 개그를 해서 나와 엄마의 행복을 만들어 나간다.

감상 글쓰기,
마음 가는 대로!

감상(感想)의 사전적 의미는 '마음속에 느끼어 생각함'입니다. 책을 읽고 가장 흔히 쓰는 글쓰기의 한 형태가 바로 느낀 점을 적는 감상 글쓰기입니다. 이런 글을 쓸 때에는 줄거리 위주로 쓰기보다, 책을 읽게 된 동기나 인상 깊었던 장면과 대사, 울림이 있었던 지점, 등장인물과 나와의 관련성, 책을 통해 배운 점이나 새로 알게 된 점, 느낀 점 등을 자유롭게 써 내려가면 됩니다.

「슈퍼 거북」

: 교사

슈퍼 거북의 삶이 다른 사람의 부러움을 사는 것처럼 보이지만 결국 자신이 원하는 삶을 사는 것이 행복 아닐까? 다른 사람의 기대에 부응하기 위해 자신의 삶을 힘들게 살아온 꾸물이가 토끼와의 경기에서 결국 졌지만 오랜만에 꿀잠을 잘 수 있게 된다. 그것 또한 행복이 아닐까? 사회적 자아를 추구하며 살아오면서 내가 놓친 많은 것들이 후회가 된다. 그 삶이 가치가 없었던 건 아니지만 주변과 나를 돌아보며 내가 진정으로 원하는 마음의 소리에 귀 기울이며 살아야겠다. 누구나 자신이 바라는 행복한 삶을 산다는 것이 참 어렵다. 사회적인 성공과 개인의 행복이 적절한 균형점을 찾을 수 있어야 할 것 같다.

「투발루에게 수영을 가르칠 걸 그랬어!」

: 교사

투발루가 투발루에 혼자 남겨진 그림을 보고 로자의 마음이 얼마나 아팠을까 생각했다. 투발루가 잠기게 되는 건 투발루의 잘못이 아닌데….

우리 딸은 미세먼지로 밖에서 맘껏 뛰어놀지도 못하고 해반천 같은 냇물에도 쉽게 들어가지 못한다. 그게 우리 딸의 잘못도 아닌데 피해를 보고 있는 건 우리와 우리의 다음 세대들이다. 우리 자손들에게 건강하고 깨끗한 환경을 만들어 주기 위해서라도 우리가 해야 할 게 많다.

「아낌없이 주는 나무」

: 학생

'좋아하는 사람에게 모든 것을 주는 삶은 행복한가?'라는 주제로 토론을 하였다. 나는 행복할 것 같다. 좋아하는 사람에게는 모든 것을 다 주어도 아깝지 않기 때문이다. 친구들의 생각은 나와 좀 달랐지만 그럴 수 있겠다고 느꼈다. 아낌없이 주는 나무는 말 그대로 정말 아낌없이 베풀어서 읽을 때마다 감동을 느낀다. 나무는 소년에게 자신의 소중한 것을 다 내주어 결국 밑동밖에 남지 않았는데도 자신은 행복하다고 말한다. 행복은 어떻게 느끼느냐에 따라 다르고, 행복의 기준도 사람에 따라 다른 것 같다.

2부

책놀이를 곁들인
이야기식 독서토론

첫 번째 책,
『행복을 나르는 버스』

— ◆ —

할머니와 시제이가 버스를 타고 간 곳은 어디일까?
우리가 무심코 지나쳤던 행복과 아름다움을 찾아보자.

독서동아리 학부모님들을 대상으로 이야기식 독서토론을 알려달라는 제안을 받았습니다. 좀 더 재미있고 의미 있는 시간이 되었으면 하는 마음으로 한참을 고민하던 중 맷 데 라 페냐가 글을 쓰고 크리스티안 로빈슨이 그림을 그린 『행복을 나르는 버스』가 떠올랐습니다. 그림책의 노벨상이라 불리는 칼데콧상과 뉴베리상을 동시에 거머쥔 이 책은 표지에 그려진 그림만으로도 나눌 이야기가 정말 무궁무진해 보입니다.

앞표지와 뒤표지를 함께 펼치면, 버스에는 자그마치 14명의 다양한 캐릭터와 알쏭달쏭한 악어 그림까지 등장합니다. 청포도처럼 탐스러운 목걸이와 트라이앵글 모양의 귀고리가 검정색 원피스와 잘 어울리는, 흰 머리카락과 팔자 주름이 꽤나 인상적인 할머니가 한 손에는 우산을, 다른 한 손에는 아이의 손을 잡고 버스 정류장에 서 있습니다. 할머니의 모습만큼이나 이름만 들어도 '와~' 하는 뉴베리상, 칼데콧상, 코레타스콧킹상 스티커도 시선을 사로잡는데요. 그림책에 대해 조금이라도 관심 있는 사람은 도대체 어떤 책이기에 이런 큰 상을 동시에 여러 개 수상한 것일까 궁금하실 겁니다. 뒷면에도 이 책의 대단한 이력들이 눈에 띄지만 그것보다 버스에 적힌 하얀색 글귀가 마음을 사로잡습니다. '시제이, 아름다운 것은 어디에나 있단다. 늘 무심코 지나치다 보니 알아보지 못할 뿐이야.' 아마도 귀엽게 생긴 아이의 이름이 시제이인가 봅니다. 늘 무심코 지나치다 보니 알아보지 못할 뿐이란 말에 저절로 고개가 끄덕여집니다.

버스 안에 있는 사람들의 표정이 다 행복해 보입니다. 버스의 핸들이 웃고 있는 눈썹처럼 보여서일까요? 제 눈에는 버스마저도 웃고 있는 것 같습니다. 휴대폰을 응시하고 있는 안경 낀 아저씨는 기다리던 반가운 소식이 왔나 봅니다. 흐뭇한 듯 입꼬리가 살짝 올라가 있네요. 이어폰을 귀에 꽂은, 신발도 눈도 파란 청년은 무슨 노래를 듣고 있는 걸까요? 이어폰 한 짝을 살짝 제 귀에 대어 보고 싶어집니다. 짙은 파랑색의 각이 진 모자가 잘 어울리는 운전기사님과 불 뿜는 악어까지…. 분명히 지난번에도 보았던 그림인데, 그때는 왜 못 보고 그냥 지나쳤을까요? 이제야 하나하나 선명하게 눈에 들어옵니다. 다시 한번 제목을 읽어 봅니다.

행복을 나르는 버스. '운전기사님이 손님들에게 뭔가 기분 좋은 일을 해주나?' 온통 관심이 운전기사에게 쏠리면서 존 고든이 『에너지 버스』에서 이야기했던 운전기사 '조이'가 문득 떠오릅니다. 옆으로 손지갑을 비껴 멘 세련된 그분은 시제이의 할머니입니다. 시제이가 할머니에게 우리는 왜 자동차가 없냐고 물어봅니다. 할머니의 대답이 궁금해졌습니다. 할머니는 시제이에게 뭐라고 답했을지, 나는 이런 질문을 받으면 뭐라고 대답을 했을지 생각하며 책장을 넘깁니다. 자동차가 보편화된 요즘, 저에게도 자동차가 생긴 이후로 버스를 타 본 지가 참 오래되었습니다. 할머니가 시제이에게 자동차가 필요하지 않은 이유를 아주 명쾌하게 말해 줍니다. 시제이는 궁금한 것이 참 많아 보입니다. 예배가 끝나면 친구들은 가지 않는 그곳에 왜 할머니와 자기는 가야 하는지, 앞을 보지 못하는 아저씨는 어쩌다 보지 못하게 되었는지, 마켓 스트리트는 왜 맨날 지저분한지도 궁금해 합니다. 시제이가 왜 자동차가 없는지, 이 거리는 왜 이리 지저분한지 물어봤을 때도 저의 속내를 들킨 것 같아서 괜히 마음이 콩닥거렸습니다.

멋진 할머니의 대답을 한 번 더 읽어 봅니다. "아름다운 것은 어디에나 있단다. 늘 무심코 지나치다 보니 알아보지 못할 뿐이야." 시제이는 생각지도 못한 곳에서 아름다움을 찾아내는 할머니가 무척이나 신기한가 봅니다. 사실 시제이 못지않게 저도 궁금합니다. 할머니는 참으로 신기한 눈을 가졌습니다. 버스 안에 무언가 대단한 것이 있을 줄 알았는데, 할머니에게도 뭔가가 더 있을 것 같았는데…. 엄청난 상을 받았기에 아마도 이 책에서 행복의 파랑새를 발견하지 않을까 내심 기대하고 있었나 봅니다. 과연 행복은 어디에 어떤 모습으로 있는 걸까요?

그런데 마지막 장에 딱 한 줄, 이 한 줄이 마음에 걸립니다.

'하지만 할머니는 웃지 않았어요.'

왜 시제이의 할머니는 웃지 않았을까요?

책 제목 찾기로 끝말잇기 해보기

학생들과 참고할 만한 자료나 별다른 도구 없이 책 제목 끝말잇기를 해보면 책 제목을 거의 찾아내지 못합니다. 끝 글자로 시작하는 책 제목을 찾아내지 못하면 1분도 엄청나게 지루하고 길게느껴질뿐더러 학생들의 반응 또한 심드렁하겠지요. 그래서 각 모둠에서 한 개의 스마트폰으로 모둠원이 함께 책 제목을 찾아보게하였습니다. 제한 시간은 5분이며, 반드시 책 제목을 찾아야 합니다. 유의할 점은 하나를 잘못 찾으면 꼬리에 꼬리를 물고 연쇄적으로 다 틀리게 되므로, 제목을 검색한 다음에는 책 제목이 맞는지 한 번 더 확인해야 한다는 것입니다. 그럼 학생들이 5분 동안스마트폰을 이용하여 찾은 책 제목을 한번 볼까요?

📖 행복을 나르는 버스 → 스물아홉 생일, 1년 후 나는 죽기로 결심했다 → 다섯 살 생일

📖 행복을 나르는 버스 → 스피노자의 뇌 → 뇌가 섹시해지는 책 → 책을 읽는 곰 → 곰 세 마리 → 리본 → 본드로 붙인 삶 → 삶의 이유

📖 행복을 나르는 버스 → 스포츠 의학 → 학교 가기 싫어 → 어? 달라졌어요 → 요리사 → 사랑이 훅! → 훅이 들려주는 세포 이야기

📖 행복을 나르는 버스 → 스쿨버스 → 스파이더맨 → 맨박스 → 스파크 → 크리에이터 → 터미널 → 널 지켜보고 있어

📖 행복을 나르는 버스 → 스타박스 다방 → 방구석 미술관 → 관광 통역 안내사 → 사랑한다고 상처를 허락하지 마라 → 라멘이 과학이라면 → 면담법

📖 행복을 나르는 버스 → 스위스 셀프 트래블 → 블랙코미디

📖 행복을 나르는 버스 → …

시간을 제한하니 학생들은 책 제목을 찾는 데 집중합니다. 그러나 염려했던 대로 한 모둠은 '본드로 붙인 삶'을 책 제목으로 찾아 씁니다. 검색을 해봐도 뜨지를 않습니다. 한 모둠은 「스타박스 다방」처럼 저예산 독립영화를 책 제목이라고 찾아 놓았습니다. 인터넷 서점에서 검색하니 영화 DVD가 나옵니다. 연유를 물어보니 검색해서 뜨니까 자세히 보지도 않고 그냥 책 제목이려니 했다고 합니다. 또 한 모둠은 '스쿨버스'라는 책을 찾아 놓았는데 『신기한 스쿨버스』, 『과학탐험대 신기한 스쿨버스』, 『부자로 가는 스쿨버스』, 『나는 스쿨버스 운전사입니다』 등이 검색됩니다. 책 제목 중 임의대로 필요한 일부만을 가져와 써 놓았습니다. 다행히 '스쿨버스'가 '스' 자로 끝나는 바람에 '스쿨버스'를 삭제한다고 해도 뒤에 찾은 책 제목을 전부 살릴 수 있게 되었습니다. 한 모둠은 아예 5분 동안 한 권도 찾아내지 못합니다. 분위기가 냉랭합니다. 찾지 못한 이유를 물어보니 검색해 봐도 나오지 않았다고 합니다. 어찌된 일일까요? 이 아이들이야말로 최재붕 교수 말

처럼 폰을 신체 일부처럼 자유자재로 사용하는 호모 포노 사피엔스인데 말이죠. 책놀이가 끝나고 책 제목 끝말잇기를 해본 느낌을 나눠 보았습니다.

"제가 모르는 책 제목이 이렇게 많은 줄 몰랐어요. 앞으로 책을 많이 읽어야겠다는 생각이 들었어요."

"함께 협력해서 찾으니 재밌고 좋았어요."

"우리가 읽어 보지 못한 책을 찾으니 신기했어요."

"시간이 촉박했지만 다 같이 찾는 게 재밌었어요."

"하기 전에는 정말로 재미있을 줄 알았는데, 책 제목 찾기가 생각보다 어려워서 힘들었어요."

"검색했는데 하나도 못 찾아서 아쉽기도 하고, 화도 났어요."

역시 협력이 잘되고 책 제목을 많이 찾아낸 모둠과, 그렇지 못한 모둠 간에는 소감의 온도차가 큽니다.

학부모와의 독서토론에서도 마찬가지로 5분 동안 제한 시간을 주고 책 제목 찾기 놀이부터 시작해 보았습니다. 이 책의 마지막 글자인 '스' 자로 시작하는 책 제목부터 찾고, 같은 방법으로 계속해서 책의 끝 글자로 시작되는 책을 찾는 놀이입니다. 한 그룹에서 『스마트폰으로부터 아이를 구하라』라는 책 제목을 어렵지 않게 찾아냅니다. 역시 대한민국의 엄마답습니다.

이번엔 '라' 자로 시작하는 책 제목을 찾아야 하는데 쉽지가 않은 모양입니다. 나름 독서동아리에서 책 좀 읽는다는 엄마들인데도 불구하고 잠시 침묵이 흐릅니다. 요즘은 기억보다는 검색을 통해서 정보를 찾는 게 일반적이라 그런지 저만해도 웬만한 중요한 정보가 아니면 기억하려 애쓰지 않습니다.

1단계 질문, 가볍게 준비운동

1단계 질문은 yes 또는 no로 답할 수 있는 단답형 질문보다는 추측이나 상상을 통해 자신의 생각을 말할 수 있는 열린 질문을 만들어 보면 좋습니다. 가령, 책 제목으로 질문을 만들려고 할 때 '이 책의 제목은?'보다는 '왜 책 제목이 행복을 나르는 버스일까?', '버스는 행복을 어떻게 나를까?', '행복을 나르는 버스는 어디를 가려는 것일까?', '행복을 나르는 버스에는 어떤 사람들이 탈까?', '행복을 나르는 버스에서 행복은 어떤 의미일까?' 등 자신의 생각을 말할 수 있는 질문을 만들면 생각을 주고받으며 이야기를 나눌 수 있어 대화가 짧게 끝나 버리는 일이 없습니다.

제시된 1단계 질문들은 이야기식 독서토론 기반의 프로젝트 수업을 한 5~6학년 아이들, 온책읽기 연수를 받은 선생님들, 그리고 독서교실을 신청한 학부모들과 이야기식 독서토론을 진행하면서 수집한 자료 중 일부를 발췌한 것입니다. 정리하면서 알게 된 사실 하나는, 1단계 질문은 초등학교 6학년 학생들이 만든 질문이나 선생님들과 학부모님들이 만든 질문이 크게 다르지 않다는 것입니다.

→ **1단계 질문**

- '『뉴욕 타임스 북리뷰』 눈에 띄는 어린이 책'은 어떻게 선정될까?
- 비룡소는 무엇을 뜻할까?
- 버스는 어떻게 행복을 나를 수 있나?
- 이 버스는 어디로 가는 것일까?
- 움직이는 버스에서 신문을 왜 볼까?
- 칼데콧 명예상은 어떨 때 주는 상일까?
- 뉴베리상 수상작에서 뉴베리란 무엇일까?
- 버스에 그려진 동물은 용일까, 악어일까? 악어라면 왜 불을 뿜고 있나?
- 버스에 그려진 불 뿜는 악어는 무엇을 의미할까?
- 할머니와 아이는 어디를 가려고 하는 것일까?
- 왜 버스 기사님은 안전벨트를 매지 않고 운전을 할까?
- 이야기의 배경이 되는 나라는 어디일까?
- 버스를 탄 사람은 왜 모두 웃는 표정일까?
- 버스 안에 타고 있는 사람들의 모습이 다양한데, 이런 버스를 타 본 적이 있나?

- 이 책이 상을 여러 개 받은 비결은?
- 버스를 타면 그 안에서 주로 무엇을 하나?
- 버스 안에서 누가 가장 행복해 보이나?
- 버스 밖의 아이는 무슨 생각을 하고 있을까?
- 서 있는 승객의 안전손잡이 위치가 너무 높은 것은 아닐까?
- 저 버스를 타면 행복해질까? 그 이유는?
- 표지의 오렌지색은 무엇을 상징하는 것일까?
- 버스 요금은 얼마일까?
- 행복은 어디에 실려 있을까?
- 우리가 타는 버스와 다른 모습은 무엇인가?
- 이어폰을 낀 노란 머리를 한 남자는 어떤 노래를 듣고 있을까?
- 이 버스를 탄 것과 행복은 어떤 관계일까?
- 버스에 탄 사람들은 각각 무슨 사연이 있을까?
- 대머리 아저씨는 언제부터 탈모가 시작되었을까?
- 책값이 13,000원인 이유는?
- 버스 승객이 원하는 행복은 뭘까?
- 버스에 왜 번호판이 없을까?
- 무심코 지나쳤지만 지나고 나서 행복이라고 생각했던 것이 있다면?
- '멧 데 라 페냐'의 다른 책을 읽어 본 적이 있나?
- 버스 기사의 하루 평균 노동 시간은?
- 버스를 기다리는 아이와 어른은 무슨 관계일까?

- 다양한 인종이 많아 보이는데 어느 나라 이야기일까?
- '멧 데 라 페냐'는 어느 나라 사람일까?
- 버스와 관련된 즐거웠던 경험이 있나?
- 가장 인상적이었던 버스 광고는?
- 버스로 여행을 떠난다면 누구와 어디로 가고 싶나?
- 버스 안에서 좌석을 양보하는 사람을 보면 어떤 생각이 드나?
- 버스에서 들은 음악 중 가장 추천할 만한 곡은?
- 악어는 왜 트렁크에 탔을까?
- 행복을 나르는 것이 왜 하필 버스일까?

Q1. 책 표지가 왜 오렌지색일까?

이 책은 칼데콧 수상작답게 표지 색깔부터 보는 이의 눈과 마음을 매료시키는 힘이 있습니다. 선생님들은 한 톤 다운된 듯한 오렌지색을 많이 사용한 이유가 뭔지, 오렌지색은 무엇을 상징하는지에 대해 이렇게 말합니다.

"오렌지색은 긍정적인 느낌을 줘서 희망을 상징하는 게 아닐까. 밝고 따뜻한 색이니까 아이들이 보는 그림책과 잘 어울릴 것 같아서. 시각적인 효과를 주기 위해서 사용하지 않았을까. 얼마 전 뉴스에서 봤는데 양성평등 집회에서 깃발이 오렌지색이었던 것 같아, 그래서 오렌지색은 평등을 의미하는 것 아닐까. 뭔가 용기를 북돋아 주는 색인 것 같아. 붉은색과 노란색의 혼합색이니까 붉은색이 갖는 열정과 노란색이 주는 밝음의 의미를 다 가진 건 아닐까."선생님들은 대체적으로 밝음과 희망, 따뜻함과 연결 지어 이야기를 합니다.

심리학적 관점으로 보면, 오렌지색은 긍정적인 에너지와 희망을 가져다주고 활력을 되찾을 수 있도록 도와주는 역할을 합니다. 저도 예전에 거실에 오렌지색과 노란색 꽃이 그려진 포인트 벽지를 붙인 적이 있는데, 볼 때마다 마음이 환해지고 밝아지는 느낌이 들었습니다. 아마도 오렌지색은 기분을 좋게 만드는 긍정의 에너지를 갖고 있는 것 같습니다.

Q2. 버스가 어떻게 행복을 나를 수 있을까?

1단계 질문을 만들기 전에 "책 제목으로 질문을 만든다고 할 때, 정해진 정답을 말하는 게 아니라 자신의 생각을 자유롭게 말할 수 있게 하려면 어떤 질문을 만들면 될까?"라고 생각의 포문을 열어서일까요? 아이들은 "왜 책 제목이 행복을 나르는 버스일까?"와 더불어 "버스가 어떻게 행복을 나를 수 있나?"라는 질문을 가장 많이 만들어 주었습니다.

"버스에 탄 사람들이 도착지까지 가면서 느끼는 행복이 버스에 남아서. 버스 안에서 '행복'이라고 쓴 종이비행기를 날리고 다녀서. 이 버스를 타면 작은 선물을 주기 때문에. 각자 짐에 '행복'이라고 적어 놓고 버스 짐칸에 넣으면 행복을 나르는 것이 되므로. 버스에 타고 있는 사람들이 대화, 행동, 마음 등을 통해서 행복을 나누는 것 같다. 버스에는 좌석이 많지 않으니까 서로 자리를 양보하기도 하고 배려해 주니까 행복을 나를 수 있는 것 같다. 인종차별이 없고 모두 공정하게 버스를 탈 수 있기 때문에. 버스기사가 웃기는 말을 해서 버스를 타고 있는 사람들이 다들 행복해하니까. 공짜로 태워 주는 서비스가 있는 버스라서. 버스가 행복을 나르는 게 아니라 버스 안에 탄 사람들이 행복하니까." 이렇게 아이들은 다양한 의견을 말합니다.

『사라, 버스를 타다』를 읽어서일까요? 몇몇 아이들은 그 책에서 읽었던 배경지식을 떠올려 흑인과 백인이 차별 없이 함께 버스를 탈 수 있는 것과 버스가 행복을 나르는 것을 자연스럽게 연결 짓습니다. 1단계가 배경지식 질문임을 아이들을 통해 다시 한번 확인합니다.

Q3. 행복을 나르는 것이 왜 하필 버스일까?

선생님 한 분이 "버스가 어떻게 행복을 나를 수 있나?"라는 질문에 "행복을 나르는 것이 왜 하필 버스일까?"라고 연결 질문을 만들어 대화를 이어 갑니다.

"버스를 타면 다양한 사람들을 많이 만날 수 있어서. 버스를 타면 소소한 행복감을 느낄 수 있어서. 버스는 주로 서민들이 이용하는 대중적인 이미지를 갖고 있으니까, 그리고 그 서민들이 일상 속에서 행복을 더 많이 느낄 것 같아서. 지하철은 어디에서 나 볼 수 없지만 버스는 어디에서나 볼 수 있기 때문에."

내친 김에 아이들에게도 이 질문을 던져 보았더니 "버스는 커서 행복을 많이 실어 나를 수 있기 때문에. 버스는 택시나 자가용보다 교통비가 저렴해서 가난한 사람들도 부담 없이 탈 수 있으니까. 사람들은 혼자서는 행복하기 힘든데 버스에는 많은 사람들이 함께 있을 수 있으니까. 버스에는 무언가 행복한 것이 있을 것 같아서. 버스는 사람들이 가고 싶은 곳에 데려다줘서 행복을 느끼게 하니까"라고 말합니다.

네, 맞습니다. 버스는 대중적이고, 경제적인 면에서도 부담이 적고, 여럿이 함께하며 그 속에서 친절과 배려를 경험할 수 있는 정서적 공간입니다. 저 또한 돌이켜 보니, 중학교 때 미어터지는 스쿨버스를 타고 학교를 다닌 기억이 납니다. 아무리 비좁아도 일단 타기만 하면 행복했습니다. 그 버스를 놓치는 날엔 시내버스를 두 번이나 갈아타야만 했으니까요. 버스 안에서 친구들과 쉴 새 없이 재잘거렸던 수많은 이야기들은 티끌만큼도 생각나지 않지만, 분명한 건 그 버스는 저에겐 행복을 나르는 버스였던 것 같습니다.

Q4. 버스를 탄 사람들은 왜 모두 웃는 표정일까?

'버스에는 모두 몇 명이 탔을까?'라는 질문에 아이들은 승객의 수를 손가락을 짚어 가며 세어 봅니다. 그러다가 '버스를 타고 있는 사람들은 왜 모두 행복해 보일까?'라고 한 아이가 질문합니다. 그 질문 덕분에 아이들은 사람들의 표정을 하나하나 유심히 들여다 봅니다. 그리고 그들이 행복해 보이는 이유를 나름 하나씩 찾아 냅니다.

"웃음은 전염된다는 말이 있듯이 먼저 타고 있던 사람이 웃고 있어서 자기도 웃어야겠다고 생각해서. 책 표지를 그린 사람이 사람들을 행복하게 그려 놓아서. 행복을 나르는 버스에서 행복을 선물받아서. 버스 기사님이 재미있는 분이라서. 이 버스는 행복을 나르는 버스니까 타고 있을 때 계속 웃으면 버스비가 공짜라서. 버스를 탄 사람들 중 몇몇이 춤을 춘다거나 노래를 불러 주기 때문에. 버스 안에서 각자 나름대로 행복을 느껴서. 다들 기분 좋은 일이 있어서. 행복을 나르는 버스에 탔기 때문에. 버스 기사가 웃긴 말을 했는데 안 웃으면 버스비를 올린다고 해서. 행복을 서로 주고받을 수 있어서. 기사님이 웃긴 말을 해서. 버스 안이 깨끗하고 좋아서. 외국인이 타도 별로 신경 쓰지 않기 때문에. 버스 기사 아저씨가 친절하고 사람들도 서로서로 배려하기 때문에. 버스 기사가 '이번에는 행복을 나를 거예요'라고 말해서. 가고 싶은 곳을 가니까 설레어서. 개그맨이 타고 있어서. 글쎄, 그냥."

그런데 가만히 듣고 있던 한 학생이 이렇게 반문합니다. "근데 왜 내 눈에는 다 안 웃고 있는 것처럼 보이지?"

Q5. 이 책은 왜 상을 3개나 받았을까?

아이나 어른이나 할 것 없이 가장 많이 한 질문은 바로 칼데콧상
이나 뉴베리상이 무엇인지에 관한 것이었습니다. 아이들의 이야
기를 들어 보니 "아름다운 이야기를 쓴 사람에게 주는 상이다. 칼
데콧이란 사람이 가장 먼저 받은 상이다. 여러 사람들의 공감, 힐
링 등에서 가장 높은 점수를 받은 책이다. 칼을 목에 대도 모를 만
큼 재미있게 글을 쓴 작가에게 주는 상이다. 최고의 책을 쓴 문학
가에게 주는 상이다. 미국에서 제일 재미있는 책을 뽑아 주는 상
이다. 어린이들에게 유익한 내용을 쓴 작가에게 주는 상이다. 창
의성이 뛰어나서 받은 상이다. 내용이 괜찮거나 많은 생각을 할
수 있는 책에게 주는 상이다. 아이들이 읽기에 제일 좋은 책에게
주는 상이다. '칼데콧 아너'라는 이름을 가진 유명한 작가가 있는
데 그 작가처럼 좋은 책을 쓴 작가에게 주는 상일 것 같다"라고들
말합니다.

옆에 있던 아이가 기다렸다는 듯이 연결 질문을 합니다. "근데
이 책은 왜 상을 3개나 받았을까?" 그러자 다른 아이들이 대답합
니다. "사람들이 공감할 수 있어서. 책 내용이 흥미로워서. 책이
사람들에게 좋은 영향을 끼쳐서. 책 내용에 깊은 뜻이 있어서. 따
뜻함과 희망을 주는 책이어서. 재미있고 유익해서. 아마도 내용이
감동을 주니까. 그림도 잘 그려서. 책 제목과 내용이 좋아서. 아이
디어가 참신하고 내용이 재미있어서. 어린이들에게 지혜를 주는

책이라서. 글이 좋고 감명 깊어서. 인기가 많아서. 읽는 사람들에게 깊은 인상을 심어 주어서. 다른 참가자가 많이 없어서."

질문은 다른데 대답의 알맹이는 같아 보입니다. 각자 생각하는 '상을 받을 만한 책'의 기준이 보인다고 할까요? 어쩌면 각자가 생각하는 '좋은 책'의 기준이 보인다고 할 수도 있겠네요. 재미있는 책, 공감할 수 있는 책, 교훈을 주는 책, 꿈과 희망을 주는 책, 여러분은 어떤 책에게 상을 주고 싶나요?

Q6. 왜 버스에 불 뿜는 악어를 그려 놓았을까?

"악어가 불행을 태운다는 의미 아닐까. 우리의 행복을 방해하는 장애물 같은 존재를 표현하려고. 그 나라나 지역을 대표하는 동물이 악어라서. 희망이 꺼져 있을 때 악어가 뿜어내는 불로 다시 희망의 불을 켤 수 있어서. 버스가 무늬도 없고 너무 밋밋해서 디자인으로 꾸민 것이다. 그 나라 사람들에게 친근한 동물이어서. 버스를 멋지게 보이게 하려고. 가죽을 사용하지 말자는 동물 보호 메시지를 알리기 위해서. 악어는 연료 탱크이거나 불을 뿜으면서 나가는 엔진을 상징하는 것이다. 버스 번호가 없는 걸 보면 번호 대신 악어 등 동물을 그려서 어디로 가는 버스인지 알려 주는 것이다. 트레이드마크로 무엇을 광고하는 것이다. 짐칸에 혹시 악어가 타고 있지 않을까?"

표지 그림을 본 학생들과 선생님들, 그리고 학부모들까지도 그룹에 한 명쯤은 버스에 그려진 악어 그림을 눈여겨봅니다. 학생들 중 몇몇은 아예 악어인지 용인지 열띤 토론을 벌입니다. 악어라고 우기면 불을 뿜는데 어떻게 악어일 수 있느냐고 반박하고, 용이라고 우기면 눈과 코가 거의 수평으로 된 것을 보면 틀림없이 악어라고 생물학적 특징을 근거로 들이댑니다. 과연 이 악어 그림은 행복을 나르는 버스에서 어떤 의미가 있는 것일까요?

Q7. 버스 기사는 왜 안전벨트를 매지 않고 운전을 할까?

학부모 독서모임에서 아주 밝고 씩씩하고 건강한 미소를 가진 분이 만든 질문입니다. 나중에 알고 보니 가족 중에 경찰이 있다고 합니다. 생각의 단서를 추적해 보는 것은 참 흥미롭습니다. 사실 질문을 만들어 보라고 하면 색다른 질문보다는 일반적으로 비슷비슷한 질문들을 만드는 경우가 많습니다. 질문은 주로 자신의 경험이나 배경지식에 근거하기 때문에 경험치가 비슷하거나 연령대나 직업군, 관심사나 취미 등이 유사하다면 이런 현상이 더욱 두드러지는데요. "버스에 왜 번호판이 없을까? 서 있는 승객의 안전손잡이 위치가 너무 높지 않나?"와 같은 몇 가지 질문만 보아도 이 엄마의 최대 관심사는 가족의 직업과 관련해 사람들의 안전인 것 같습니다.

1컷 비주얼씽킹,
책 내용 예상하기

1단계 질문으로 가볍게 대화를 나눈 뒤, 각자 책의 제목과 그림을 보며 책의 전체적인 내용을 예측하여 1컷 비주얼씽킹*으로 표현해 봅니다. 먼저 완성한 사람부터 칠판에 붙여 친구의 작품을 자유롭게 감상합니다. 이때, 자신의 생각과 느낌을 포스트잇에 적어 붙여 주면 더 활발한 소통이 일어납니다.

→ 비주얼씽킹 예시

버스 승객들의 "감사합니다", "안녕하세요?", "괜찮으세요?", "여기 앉으세요" 등 따뜻한 말과 배려하는 행동이 사람들로 하여금 행복을 느끼게 하여 사람들이 행복해진다는 내용일 것 같다.

사람들이 '행복을 나르는 버스'를 타면 신기하게도 행복을 만들
수 있다. '지금은 행복을 만드는 중 〜!' 버스에서 내릴 때는 자기
가 만든 행복을 반만 들고 내린다.
"아, 행복해! 버스만 탔을 뿐인데."

• 비주얼씽킹이란 자신의 생각을 간단한 글과 이미지를 통해 정리하는 것을 말합니다. 복잡
하거나 추상적인 내용, 방대한 양의 정보도 이미지로 정리하면 더 쉽게 기억하고 이해할
수 있습니다.

아이들은 책의 내용을 추측해서 간단히 말해 보거나, 글로 써 보는 활동은 해보았지만, 비주얼씽킹으로 표현해 보기는 처음이 라고 합니다.

다음은 책의 내용을 1컷의 비주얼씽킹으로 추측해 본 아이들 의 소감을 들어 본 것입니다.

"이야기를 상상해 보니 책이 더 궁금해졌습니다. 간단하게 그려 서 부담이 되질 않았어요."

"마음대로 상상해서 그릴 수 있어서 좋았고 신났어요."

"간단하게 그리고 써 보니까 오히려 집중하게 되었어요."

"친구들이 전부 다른 내용을 생각한다는 것이 신기했고 창의적인 내용이 있어서 생각의 폭을 넓힐 수 있었습니다."

"책의 내용을 예상하는 게 재미있었고, 그림을 간단하게 그리니 까 편했어요."

"다음에도 책의 내용을 예측해 보는 활동은 비주얼씽킹으로 했으 면 좋겠어요."

"내용을 내가 짐작해서 간단하게 표현할 수 있다는 점이 참 좋은 것 같아요."

"책의 내용을 알기 전에 그리니까 고정관념에서 벗어난 느낌이 들고 상상력을 발휘할 수 있어서 좋았어요."

2단계 2단계

다양한 방법으로 책 읽기

학생들에게 소리 내어 읽기를 전제로 이 책을 어떻게 읽어 보면 좋을지 물어보았습니다. 한 줄씩 차례대로 돌아가면서 읽기, 차례대로 돌아가면서 읽다가 글자가 틀리면 그다음 사람이 받아 읽기, 등장인물의 역할을 정해서 읽기, 한 사람이 모두 읽어 주기, 한 페이지씩 읽기, 질문을 만들면서 읽기, 선생님과 한 줄씩 번갈아 가면서 읽기, 모둠별로 한 페이지씩 함께 읽기, 선생님이 임의로 지명하면 그 사람이 읽기, 각 모둠별로 의논해서 알아서 읽기 등 다양한 읽기 아이디어를 내놓습니다.

각 모둠에서 어떻게 읽으면 좋을지 자율적으로 의논해서 읽어 보라고 하였습니다. 앞에서 내어 준 다양한 의견처럼 모둠마다 제각각 읽기 방법이 조금씩 다르지만 공통분모는 소리 내어 읽기임을 잘 알고 있습니다. 한 학생이 저에게 묻습니다. "선생님, 그런데 왜 꼭 소리 내어서 읽어야 돼요?" 좋은 질문입니다. 서당 개 삼년에 풍월을 읊는다는 말이 있지요. 옆에 있던 아이들이 그동안 제게 들었던 소리 내어 읽기의 좋은 점을 열심히 설명합니다. "소리 내어 읽으면 내용을 빠뜨리지 않고 읽게 되어 내용을 이해하는 데 도움이 된다고. 그리고 소리 내어 읽는 것만으로도 뇌가 활성화되어 더 잘 기억하게 된대." 제 입가에는 어느덧 미소가 번집니다. 왠지 뿌듯합니다.

핵심 키워드로
소감 한마디!

씨앗-프리즘 이미지 카드의 다른 한 면에는 63개의 미덕이 각각 한 개씩 쓰여 있습니다. 모둠별로 이 카드를 한 세트씩 나누어 주었습니다. 어떤 모둠은 카드를 보기 좋게 가지런히 놓기도 하고, 어떤 모둠은 마구 흩어 놓고 자유롭게 감상합니다. 여기서도 아이들의 성향이 드러납니다. 펼쳐 놓은 카드 중 책을 읽은 소감을 가장 잘 표현한 핵심 키워드를 한 장씩 골라 보게 하였습니다.

핵심 키워드를 골라 느낀 점을 말하게 되면 줄거리를 늘어놓지 않게 되고 내용을 좀 더 간략하게 말할 수 있어서 좋습니다. "제가 고르려고 했는데 친구가 먼저 가져가면 어떻게 해요?"라는 질문이 들어옵니다. 카드를 사용한 활동을 할 때마다 자주 듣게 되는 질문 중 하나입니다. 그럴 때는 아무것도 적히지 않은 빈 카드를 사용하거나, 별도로 용지를 나눠 주고 거기에 단어를 적어서 사용하게 하면 됩니다. 카드마다 단어의 의미를 간단하게 한 줄로 설명해 놓아서 그런지 단어의 뜻을 몰라 물어보는 아이들은 거의 없었습니다. 카드를 한 장씩 고른 다음에는 자신이 그 키워드를 고른 이유와, 읽었던 내용 중 어떤 지점에 그 의미가 잘 드러나 있는지 모둠 내에서 돌아가며 말하기를 해봅니다.

- **배움** 시제이가 질문을 하면 할머니는 "눈으로만 꼭 세상을 볼
  수 있는 것은 아니잖아"처럼 시제이가 이해할 수 있는 말로 가
  르침을 주시는 것 같아서.
- **나눔** 자신이 가진 재능이나 시간 등을 기쁜 마음으로 타인과 함
  께 누리는 할머니와 시제이의 봉사하는 마음을 '나눔'이라고 표
  현할 수 있어서. 책 제목이 '행복을 나르는 버스'인 만큼 행복을
  나눈다는 생각이 들었기 때문에.
- **존중** 할머니는 버스에 탄 시각 장애인을 존중했기 때문에.
- **호기심** 시제이가 많은 것에 관심을 가지고 할머께 질문을 하
  는 모습에서. 시제이의 호기심 때문에 이야기가 재미있게 이어
  지기 때문에.
- **긍정** 할머니는 무엇이든 긍정적으로 생각하시고 말씀하시기 때
  문에. 눈이 안 보이거나 차가 없어도 긍정적으로 생각하고 생활
  하는 것 같아서.
- **즐거움** 시제이가 매주 한 번 버스를 타고 할머니와 이런저런 애
  기를 주고받으며 여러 사람들을 만나니 즐겁겠다는 마음이 들
  어서.
- **친절** 버스 기사가 시제이에게 마술을 보여 줬던 것처럼, 버스에
  탄 사람들이 다들 가족같이 서로를 배려하고 친절하게 대해 줬

기 때문에.

- 깨달음 할머니가 "아름다운 것은 어디에나 있단다. 늘 무심코
지나치다 보니 알아보지 못할 뿐이야"라고 말했을 때 그 말의
뜻을 알게 되었고 또 공감되었기 때문에.
- 배려 이 책에는 다양한 배려들이 담겨 있다. 데니스 기사 아저
씨는 동전 마술로 즐거울 수 있게 배려해 주었고, 시제이는 선
글라스를 낀 남자에게 자리를 양보하였고, 기타를 치는 아저씨
는 버스킹으로 사람들을 지루하지 않게 배려해 주었기 때문에.

2단계 질문,
내용보다 생각을 나눠 볼까?

2단계는 책을 읽고 내용을 파악하는 질문을 만들어 보는 단계입
니다. 나의 처지에 적용해 보기도 하고, '왜?', '어떻게?'로 상황을
분석해 보기도 하고, '~하는 것은 옳을까?'와 같이 판단하고 평가
해 보는 질문 등 책의 전반적인 내용에 기반하여 자신의 생각이
나 느낌을 말할 수 있는 질문을 만들어 대화해 보면 좋습니다.

아이들에게 궁금한 건 뭐든지 질문해 보라고 하면 "선생님, 이
런 질문은 괜찮아요?", "이렇게 만들면 돼요?"라고 자신이 만든
질문을 보여 주는 경우가 많습니다. 그럴 때는 "네가 만든 질문의
답이 한 개가 아니라 여러 개거나, 내용을 근거로 자기 생각을 말

할 수 있는 질문이면 더 좋을 것 같은데"라고 말해 줍니다. 그럼 에도 단답형 질문을 만드는 아이들이 더러 있습니다. 하지만 그 것도 괜찮습니다. 여러 명이 만든 질문으로 함께 이야기를 나누 게 되면 그중에는 생각을 확장시키고 비판적으로 사고하게 만드 는 보석 같은 질문들이 꼭 있기 마련이니까요.

→ **2단계 질문**

- 시제이와 할머니는 예배가 끝나면 왜 항상 무료급식소로 갈까?
- 왜 시제이는 예배가 끝나고 무료급식소에 가지 않는 미구엘과 콜비보 다 자신이 더 안됐다고 생각했을까?
- 데니스 기사 아저씨가 버스에 타는 시제이에게 마술을 보여 주는 이유 는 무엇일까?
- 데니스 아저씨는 왜 시제이에게 동전을 줬을까?
- 무료급식소까지 가는 과정을 보여 준 까닭은?
- 시제이는 왜 할머니와 다닐까?
- 시제이는 교회에서 어떤 기도를 했을까?
- 친구 콜비가 자동차를 타고 손을 흔들었을 때 시제이는 어떤 생각을 했 을까?
- 시제이가 "왜 우리는 항상 거기에 가요? 미구엘과 콜비는 안 가잖아 요"라고 물었을 때 할머니는 그 애들에겐 안타까운 일이라고 했는데, 왜 그렇게 말씀하셨을까?

- 미구엘과 시제이가 같이 놀 수 있는 공간은 어디일까?
- 자동차가 없는 시제이는 어떤 기분이 들었을까?
- 만약 시제이와 할머니가 버스를 타지 않고 자가용을 타고 목적지로 향한다면 어떨까?
- 눈을 감고 음악을 들었을 때 어떤 세상이 펼쳐졌나?
- 기타 치는 사람의 음악을 들었을 때 시제이는 어떤 기분이 들었을까?
- 시제이는 왜 아저씨의 모자에 동전을 던져 넣었을까?
- 시제이가 할머니에게 "저 아저씨는 왜 보지 못할까요?"라고 질문했을 때 할머니는 눈으로만 세상을 보는 것은 아니라고 대답했는데, 그 말의 의미는 무엇일까?
- 눈으로 못 보는 걸 어떻게 볼 수 있을까?
- 눈먼 아저씨는 왜 눈을 감고 노래를 듣는 게 좋겠다고 했을까?
- 나라면 시제이처럼 앞을 보지 못하는 아저씨에게 자리를 양보했을까?
- 유리병 속 나비들이 자유롭게 훨훨 춤추는 모습을 보았다는데, 정말 나비들이 자유로웠을까?
- 시제이의 할머니는 누구를 위해 뜨개질을 하고 있으며 무엇을 만들고 있을까?
- 시제이네 집의 형편은 어떨까?
- 할머니가 찾아낸 아름다운 것은 무엇일까?
- 할머니처럼 긍정적인 마음을 가지기 위해서는 어떻게 해야 할까?
- 아름다움은 우리 주변에 있다고 하는데 어떤 아름다움을 말하는 걸까?

- 시제이는 생각지도 못한 곳에서 아름다운 것을 찾아내는 할머니가 어떠하다고 생각했나?
- 할머니는 아름다운 것을 찾아내기 위해 어떤 노력을 했을까?
- 할머니가 말한 "아름다운 것은 늘 어디에나 있단다"라는 말은 시제이에게 어떤 의미로 전달되었을까?
- 만약 내가 마켓 스트리트 마지막 정류장이 있는 동네에 산다면 어떤 기분일까?
- 시제이가 "여기 오니까 좋아요"라고 말한 이유는 뭘까?
- 할머니는 시제이의 말에 늘 웃으며 긍정적인 말씀을 하시다가 시제이가 "여기 오니까 좋아요"라고 했을 때 왜 웃지 않았을까?
- 마지막 장면에서 할머니가 웃지 않았을 때 어떤 마음이었을까?
- 급식 봉사 후 할머니와 시제이에게 어떤 일이 생길까?
- 나라면 할머니와 함께 무료급식소에 갔을까?
- 할머니는 시제이에게 무엇을 알려 주고 싶은 것이었을까?

Q1. 시제이가 "왜 우리는 항상 거기에 가요? 미구엘과 콜비는 안 가잖아요"라고 물었을 때 할머니는 그 애들에겐 안타까운 일이라고 했는데, 왜 그렇게 말씀하셨을까?

대부분의 아이들이 "보보나 선글라스 낀 사람 남자를 볼 기회가 전혀 없어서 그렇다"는 할머니의 대사를 그대로 인용하여 말합니다. 이렇게 말하는 아이들은 할머니의 말이 무엇을 의미하는 것인지 생각해 보았을까요? 무료급식소에 가서 봉사를 하면 그 자체로 기쁨과 즐거움을 느낄 수 있는데, 미구엘과 콜비는 그곳에 가지 않아 그런 행복을 느끼지 못하니까 그 점이 안타깝다고 나름대로 의미를 해석하여 말하는 몇몇 아이들 덕분에 다른 아이들도 이해의 폭을 넓혀 갑니다.

헬퍼스 하이(Helper's High)란 말이 있습니다. 달릴수록 기분이 상쾌해지고 맑아지는 러너스 하이(Runner's High)와 비슷한 이 용어는 미국의 내과의사인 앨런 룩스(Allan Luks)가 처음으로 사용하였습니다. 남을 도우면 단순히 기분만 좋아지는 게 아니라 신체적으로도 실제로 긍정적인 변화가 일어난다고 합니다. 하버드대 의료진의 연구에 따르면, 평생을 인도에서 가난한 사람들을 위해 봉사했던 마더 테레사의 영화를 보는 것만으로도 학생들의 면역력은 영화를 보기 전보다 그 수치가 일제히 높게 나타났습니다. '베푸는 사랑'을 보기만 해도 건강해지고 마음이 행복해진다는 사실을 꼭 기억해야겠습니다.

Q2. 왜 시제이는 예배가 끝나고 무료급식소에 가지 않는 미구엘과 콜비보다 자신이 더 안됐다고 생각했을까?

아이들의 마음은 아이들이 잘 아는 법입니다. 시제이가 예배가 끝나면 항상 무료급식소에 가는 자신이 오히려 안됐다고 생각하는 이유를 아이들은 "친구들과 함께 놀지도 못하고 할머니와 같이 봉사하러 가는 것이 아쉬워서. 무료급식소에 가서 봉사하는 게 힘들어서. '무료'급식소 라고 하니 자신이 가난한 것처럼 느껴져서. 다른 친구들처럼 예배가 끝나면 마음대로 놀 수가 없어서. 친구들은 가지 않는데 자기만 가서. 다른 아이들은 자전거를 타기도 하고 자동차를 타고 다니는데 자기는 버스를 타고 무료급식소로 가기 때문에. 항상 예배가 끝나고 가는 게 힘들고 번거로워서. 힘들고 봉사의 의미를 느끼지 못해서"라고 말합니다.

그중 무료급식소에 가면 돈이 없고 가난한 사람처럼 느껴진다는 대답이 가장 많았는데, 과연 시제이가 느꼈던 감정은 어떤 것이었을까요?

Q3. 시제이가 할머니에게 "저 아저씨는 왜 보지 못할까요?"라고 질문했을 때 할머니는 눈으로만 세상을 보는 것은 아니라고 대답했는데, 그 말의 의미는?

평소 수업 중에 질문을 받으면 곧바로 대답하기보다는 한참을 생각하는 남학생이 있습니다. 그 학생은 이 질문에 꼭 어른처럼 이렇게 말합니다. 눈이 아니더라도 다른 것으로 사람이나 세상과 교감할 수 있고, 서로 이해할 수 있다는 의미라고 말입니다. 시제이의 할머니처럼 지혜롭고 생각이 깊은 아이입니다.

할머니, 그리고 점박이 강아지와 함께 버스에 탄 선글라스를 낀 아저씨의 말처럼, 어떤 사람들은 귀로 들으면서 세상을 보고,

어떤 사람들은 코로 냄새를 맡으면서 세상을 봅니다. 각자 자기의 방식대로 말이죠. 아이들은 생각으로도 세상을 볼 수 있고, 손으로도 세상을 볼 수 있다고 합니다. 또 눈에 보이는 것, 겉으로 보이는 게 전부가 아니라고도 말합니다. 한 명이 한마디를 빠르게 덧붙여 말합니다. 외모를 보고 판단하지 말고 마음을 봐야 한다고. 마음으로 보는 게 훨씬 더 중요하다고. 아이들의 이야기를 들으니 '나는 과연 무엇으로 세상을 보고 있는가?'라는 의문이 일어나 저 자신을 돌아보게 됩니다.

Q4. 만약 내가 마켓 스트리트 마지막 정류장이 있는 동네에 산다면 어떤 기분일까?

마켓 스트리트 마지막 정류장 주변은 부서진 보도와 망가진 문, 낙서로 뒤덮인 유리창과 굳게 닫힌 상점들로 늘 지저분합니다. 아름다운 것은 어디에나 있다는 할머니의 말처럼, 이곳에도 무심코 지나쳐서 미처 알아보지 못한 아름다움이 있을 테지요. 솔직히 저에게 물어본다면 저는 지저분한 동네보다는 가능하면 쾌적한 동네에서 살기를 원한다고 말했을 겁니다. 역시나 저와 비슷한 생각을 하는 학생들이 많았습니다. 하지만 어떤 아이들은 저와는 다른 관점으로 세상을 봅니다. "이 동네가 칙칙하기도 하고 싫겠지만, 아름다움과 행복을 찾으면 여기도 좋을 것 같다. 조금 불쾌하겠지만 봉사하면서 살면 기쁠 것 같다. 버스 기사님도 좋고 불 뿜는 악어 버스도 좋아서 이 동네에 살아도 괜찮을 것 같다. 가끔 예쁘게 무지개가 뜨는 걸 볼 수 있다면 행복할 것 같다." 아름다운 것을 찾아내는 할머니가 신기하기만 한 시제이처럼, 저도 아름다움을 볼 수 있는 마음의 눈을 가진 이 아이들이 참 기특하고 신기합니다.

Q5. 할머니는 시제이의 말에 늘 웃으며 긍정적인 말씀을 하시다가 마지막 장면에서 시제이가 "여기 오니까 좋아요"라고 했을 때 왜 웃지 않았을까?

이 질문은 이 책을 읽은 사람이면 누구나 궁금해하는 질문이라는 생각이 들 정도로 가장 많이 만들어 준 질문입니다. '시제이는 할머니가 방긋 웃어 주길 기다렸어요. 하지만 할머니는 웃지 않았지요'라는 글귀를 읽으며 작가가 어떤 의도로 이런 글을 썼는지 직접 인터뷰를 해보고 싶다는 아이들도 있었습니다. 아이들이 이 마지막 장면을 어떻게 이해하고 있을까 정말 궁금합니다.

 "시제이한테 미안해서. 시제이가 불쌍해서. 가난한 시제이가 안타까워서"라고 간단하게 말을 끝내는 아이들도 있었고, "힘들고 어려운 사람들이 많아 보여서. 과한 동정은 무료급식소에 있는 사람들에 대한 실례라고 생각해서. 시제이가 무료로 밥을 먹는 게 안쓰러워서. 할머니가 웃으면 시제이가 장난스럽게 행동할까 봐. 할머니가 자신이 젊었을 때가 생각나서. 시제이가 무료급식소에 오는 사람들처럼 되지 않았으면 해서. 무료급식을 받는 사람들이 불쌍해 보여서. 거기에 있는 사람들을 보니까 슬퍼 보여서"라고 조금 자세하게 말하는 아이들도 있었습니다.

평소 말이 없던 한 여학생이 무료급식소에 이렇게 많은 사람들이 온다는 건 사람들의 삶이 그만큼 힘들고 어렵다는 것이고, 그래서 할머니가 웃지 않는 것이라고 나직한 목소리로 말합니다. 작은 목소리지만 왠지 묵직하게 들립니다. 뭔가를 발견한 것마냥 아이들의 눈이 갑자기 둥그레집니다.

언젠가 급식과 관련된 이야기를 주고받다가 이런 이야기를 나눈 적이 있습니다. 기숙사 생활을 하는 학생들 중에는 아침을 먹는 것보다 차라리 조금 더 자는 것을 선택하는 학생들이 많아 준비한 음식이 남을 때가 부지기수라는 것입니다. 언뜻 남는 음식은 급식이 필요한 사람들에게 무상으로 제공하면 어떨까 하는 생각이 스쳤습니다. 하지만 규정상 그것은 안 된다고 합니다. 아까워도 남은 음식은 모두 버린다고 하네요. 참 안타까운 현실입니다. 함께 살아가는 공동체 사회에서 소득이 전혀 없거나 겨우 생계를 이어 나갈 정도의 저소득층 사람들에게 무료급식은 분명 도움이 됩니다. 하지만 그런 도움이 최선일까요? 그들에게 실질적으로 도움이 되려면 어떻게 하면 될까요?

Q6. 할머니는 시제이에게 무엇을 알려 주고 싶은 것이었을까?

시제이가 호기심 가득한 질문을 할 때마다 할머니는 늘 지혜롭고 위트가 넘치는 대답으로 독자들을 매료시킵니다. 할머니는 하시는 말마다 모두 어록이라고 표현하는 아이도 있습니다. 내친김에 자신의 할머니에 대해 이야기를 나눠 봅니다. 듣는 일이 제 일인데 이번엔 제가 먼저 이야기를 시작합니다. 아마도 할머니에 대한 그리움이 많아서일지도 모릅니다.

저는 외할머니를 많이 따르고 좋아했습니다. 외할머니는 옛날 분인데도 엄마보다 훨씬 키가 크셨습니다. 한 번씩 잠투정을 하면 넓은 등에 저를 업고 동네를 한 바퀴씩 돌며 재미난 이야기를 들려주시던 외할머니. 이래라저래라 충고하시기보다는 늘 그저 따뜻한 밥을 차려 주시던 외할머니. 할머니는 그렇게 제 삶의 버팀목처럼 말없이 저를 지지해 주셨습니다. 아이들은 고맙게도 제 이야기에 공감하듯 고개를 끄덕이며 듣습니다.

시제이의 할머니가 시제이에게 알려 주고 싶은 것은 뭔지 아이들의 생각을 들어 봅니다. "세상 어디에도 아름다운 것은 있으니 어떤 상황에서도 희망을 잃지 말고 살아야 한다는 것. 외면적인 것, 내면적인 것의 아름다움을 모두 이해하고 어디서나 찾는 방법. 이 세상엔 다양한 사람들이 있고 자신과 다를 수 있다는 것. 봉사하는 것에 대한 뿌듯함. 모든 것에 감사하고 즐겁게 살아야 한다는 것. 인생은 참 아름다운 것. 일상의 작은 행복이 진정한 행복임을. 봉사의 기쁨. 무엇이든 긍정적으로 받아들이면 자신에게 좋다는 것. 긍정과 배려의 가치. 자신처럼 살지 않았으면 좋겠다는 것. 무언가가 부족하다고 느껴도 자신감을 가지라는 것. 장애를 가진 사람이나 힘든 사람을 차별하지 않고 도와주라는 것. 행복을 나누어 주는 법. 조금 부족해도 괜찮다는 것." 어쩜 이리도 생각이 멋질까요? 이런 이야기를 들으면 아이들이 저보다 훨씬 낫다는 생각이 듭니다.

그런데 할머니가 자신처럼 살지 않았으면 좋겠다는 것을 시제이에게 알려 주고 싶었을 거라 말한 아이는 왜 그런 생각이 들었는지 궁금합니다. 그 아이의 눈에 비친 시제이의 할머니는 어떤 분이었을까요?

숨은 정서 찾기로
등장인물 되어 보기

시제이와 할머니를 비롯하여 데니스 기사 아저씨, 콜비와 미구엘, 기타 치는 아저씨, 나비가 있는 병을 든 할머니, 선글라스를 낀 아저씨 등 이 책에 나오는 다양한 등장인물들의 정서를 그들의 말과 행동으로 분석해 보는 활동을 해보았습니다. 다양한 감정을 표현한 교사용 정서카드*를 참고자료로 칠판에 게시하여 등장인

• 제가 수업에서 사용한 정서카드는 문곡에듀컨설팅에서 제작한 '마음소리정서카드'로, 1세트가 54장으로 구성되어 있고 그중 6장은 빈 카드입니다.

물의 말과 행동에 숨어 있는 정서를 개별적으로 찾아보게 한 반도 있고, 4~5명이 한 모둠이 되어 게임 방식으로 정서를 찾아보는 활동을 한 반도 있습니다.

먼저 색깔별로 똑같이 배분한 후 카드를 자기 앞에 정리하여 놓습니다. 순서를 정해 차례로 돌아가며 인물의 말과 행동에서 등장인물이 느낀 감정을 추측해서 말합니다. 모둠원이 2명 이상 엄지로 '따봉'을 해주면 카드를 버릴 수 있습니다. 두 장 이상의 카드를 동시에 내놓을 땐 모둠원이 만장일치로 '엄지척'을 해야만 버릴 수 있습니다. 자기가 가진 카드를 먼저 다 버린 사람이 이기는 게임입니다.

게임이 진행되면서 전원이 엄지척을 해야만 카드를 버릴 수 있다고 잘못 이해한 모둠도 있었고, 모둠원이 따봉을 날려 주지 않아 시간이 오래 걸리는 모둠이 있었는데 친구들이 너무 깐깐하다며 불만을 토로하기도 했습니다. 그래도 항상 따봉만 줄 수는 없다며 서로를 견제하는 모습이 나름대로 진지해 보입니다. 처음에 카드를 나눠 주었을 때 몇몇은 재미없다는 듯 시큰둥한 반응을 보였는데 시간이 지날수록 조금씩 재미를 붙여 가는 아이도 보였습니다.

게임이 끝나고 아이들에게 "얘들아, 카드로 인물들의 정서를 찾아보니 어땠어?"라고 물었더니

"솔직히 처음엔 별로였는데 갈수록 재밌었어요."

"시간이 오래 걸렸지만 보람 있었어요."

"여러 감정을 이야기와 연결시키니 이야기를 읽을 당시 몰랐던 여러 인물의 상황에 따른 감정을 알게 되었어요."

"다른 사람의 이야기를 들으며 인물의 감정에 대해 새롭게 해석하게 되어 생각의 폭이 넓어진 것 같아요."

"게임으로 하니까 재밌었고 집중도 잘됐어요."

"친구들의 생각에 공감이 되어서 좋았어요."

라고 말합니다. 역시 아이들은 놀이로 접근해야 흥미를 가지고 몰입합니다.

시제이

- 비가 와서 옷이 축축해졌다고 했을 때 짜증이 났을 것이다.
- 모자에 동전을 던져 주었을 때 뿌듯하고 자랑스러웠을 것이다.
- 선글라스를 낀 아저씨에게 자리를 양보했을 때 보람을 느꼈을 것 같다.
- 자신만 무료급식소에서 봉사를 해야 했을 때 반감을 느꼈을 것이다.
- 사람들이 보드를 타며 노는 걸 보았을 때 부러웠을 것 같다.
- 무료급식소에서 봉사를 할 때 행복하고 뿌듯했을 것 같다.

- 할머니가 기타 치는 아저씨한테 노래를 불러 달라고 해보라고 했을 때 모르는 사람이라 말하기가 부끄럽고 혹시 거절당할까 봐 불안했을 것이다.
- 콜비가 자동차를 타는 걸 보고 부러웠을 것이다.
- 할머니의 말을 듣고 나무를 한참 쳐다보았지만 빨대가 보이지 않아 당황스러웠을 것이다. '나만 모르는 빨대가 있나?'라는 생각에.
- 예배를 마치고 계단을 폴짝폴짝 뛰어 내려왔을 때 마음이 들뜨고 신났을 것이다.
- "저 아저씨는 왜 보지 못할까요?"라고 말했을 때 시제이는 안타까움과 걱정을 느꼈을 것 같다.
- 마켓 스트리트에서 무지개를 봤을 때 설레고 행복했을 것 같다.
- 선글라스를 낀 아저씨가 기타를 치면서 노래를 불렀을 때 감동을 받았을 것 같다.

할머니
- 시제이에게 아름다운 것을 하나씩 말해 주었을 때 흐뭇함을 느꼈을 것 같다.
- 기타 치는 아저씨의 노래를 들을 때 고마움을 느꼈을 것 같다.
- 선글라스를 낀 아저씨가 강하고 세련된 향수를 쓰셨다고 말했을 때 그 사람이 맞춰서 놀랐을 것이다.

- 봉사를 하러 가지 않는 미구엘과 콜비를 보며 안타깝고 불쌍했을 것이다.
- 봉사를 끝냈을 때 뿌듯함과 기쁨을 느꼈을 것 같다.
- "할머니 여기오니까 좋아요"라고 시제이가 말했을 때 시제이에게 더 많은 것을 알려 주지 못해서 속상했을 것 같다.
- 시제이가 이것저것 물어볼 때마다 행복했을 것 같다. 왜냐하면 늘 웃고 있었으니까.
- "시제이, 꼭 눈으로만 세상을 볼 수 있는 건 아니야. 어떤 사람은 귀로도 세상을 본단다"라고 말하며 희망을 느꼈을 것 같다.

데니스 기사 아저씨

- 운전을 하며 마술로 사람들을 즐겁게 해주었을 때 기쁘고 뿌듯했을 것이다.
- 시제이가 버스를 탈 때 마술을 보여 줄 수 있어서 반가웠을 것이다.
- "이게 뭘까?" 하며 시제이의 귀 뒤에서 손을 휘저으며 동전 마술을 선보였을 때 신났을 것 같다.

선글라스를 낀 아저씨

- 시제이가 자기에게 자리를 양보했을 때 미안함과 고마움을 함께 느꼈을 것 같다.

- 다른 감각 기관을 통해 세상을 볼 수 있다고 했을 때 슬프기도 하고 속상하기도 하겠지만 한편 긍정적인 자신이 자랑스러웠을 것 같다.
- "맞는 말씀이에요. 코로도 볼 수 있지요"라는 말에서 기쁨을 느꼈을 것이다. 비록 앞은 안 보이지만 자신에게 조금이라도 앞을 볼 수 있는 곳이 있기 때문에.
- 할머니가 어떤 향수를 쓰고 있는지 말하면서 자신감을 느꼈을 것 같다. 왜냐하면 코로도 얼마든지 세상을 볼 수 있다는 걸 알려 줄 수 있어서.

기타 치는 아저씨

- 기타 치는 아저씨가 버스 안에서 기타를 치기 시작했을 때 재미있고, 행복하고, 설레고, 뿌듯했을 것이다.
- 사람들이 자신의 노래를 들어 주었을 때 고마웠을 것이다.
- 버스 안의 사람들이 손뼉을 쳐 줄 때 성취감을 느꼈을 것 같다.
- 시제이가 모자에 동전을 넣었을 때 인정을 받은 것 같아서 기뻤을 것 같다.

3단계

3단계 질문,
내 삶을 토론하자!

3단계 질문을 만드는 게 가장 어렵다는 아이들이 있습니다. 하지만 책의 내용을 자신의 삶이나 사회문제와 연결하는 게 더 쉽다고 말하는 아이들도 있습니다. 또 2단계와 3단계 질문이 헷갈린다고 말하는 경우도 종종 있습니다. 2단계에서도 '만약 나라면~' 처럼 나에게 적용하거나, '~하는 것이 옳을까?'와 같이 판단이 필요한 질문 등을 만들 수 있기 때문입니다. 내 삶에 적용하거나 우리 이웃, 나아가 사회문제로 확대해서 토론해 볼 수 있는 측면에서는 2단계 질문과 3단계 질문의 경계가 분명하지 않습니다.

3단계 질문은 아이들과 어른들이 만든 질문을 비교해 볼 수 있게 나누어 실어 보았습니다.

→ **3단계 질문**

아이들과 함께

- 타인을 위해 봉사를 하면 행복할까?
- 돈이 많고 좋은 곳에 살면 행복할까?
- 우리 사회는 경제적으로 힘든 사람들에게 어떤 도움을 줄 수 있을까?
- 남을 도와주는 자와 도움을 받는 자 중 누가 더 행복할까?

- 우리는 노숙자처럼 경제적으로 어려운 사람들을 어떤 관점으로 보고 있을까?
- 우리 사회에는 가르침을 주는 사람이 많을까? 가르침을 받는 사람이 많을까?
- 우리 사회는 사회적 약자를 신경 쓰고 있는가?
- 우리가 쉽게 지나쳐 버린 아름다움에는 어떤 것들이 있을까?
- 어떤 삶이 행복한 삶일까?
- 형편이 어려운 이들에게 무료급식 대신 무엇을 해줄 수 있을까?
- 무료급식을 받는 사람들을 도울 수 있는 다른 방법이 있을까?
- 아름다움은 어느 곳에서나 찾을 수 있는 것인가?
- 어떻게 하면 타인을 행복하게 할 수 있을까?
- 무료급식소는 가난한 사람들에게 어떤 도움을 줄 수 있나?
- 행복은 어디에 있을까?
- 부자는 행복할까?
- 무료급식은 빈민들에게 도움이 되는가?

교사, 학부모와 함께

- 무료급식 대상자들에게 이 책은 어떤 의미일까?
- 무료급식소는 우리 사회에 꼭 필요한 시설인가?
- 무료급식을 받는 사람들의 형편을 개선해 줄 수 있는 방법은?
- 우리나라는 사회적 약자나 소수자의 행복에 관심이 있을까?

- 어떤 삶이 행복한 삶인가?

- '나눔'을 실천하는 삶은 과연 행복할까?

- 함께 사는 세상을 위해 어느 정도 나를 희생하고 양보할 수 있을까?

- 노블리스 오블리제는 의무인가?

- 어린아이가 무료급식소에서 봉사하는 것은 괜찮을까?

- 현재의 경제 상황을 아이에게 좋게만 이야기하는 것이 옳은가?

- 내가 힘든 상황에서 좋은 것, 아름다운 것을 찾아낼 수 있을까?

- 가진 게 없어도 행복을 느끼며 살 수 있을까?

- 서로 나누었을 때 더 큰 행복이 되는 것은 무엇이 있을까?

- 사람과 세상을 바라보거나 느낄 때 어떤 관점으로 바라보고 느끼고 생
  각해 왔는가?

- 나는 왜 늘 내가 가진 것을 불평하고 만족하지 못하는 걸까?

- 경제적 불평등을 해소할 수 있는 방법은?

- 우리 주변에서 찾을 수 있는 행복은 무엇일까?

- 함께 살아가는 삶의 관점에서 볼 때 노인의 빈곤이나 고독사와 같은 문
  제를 어떻게 해결하면 좋은가?

- 약자나 소외 계층의 사회 구성원들과 함께 나누기 위해 가져야 할 마음
  가짐은 무엇일까?

- 좋지 않은 환경에서 아름다움을 찾을 수 있는 방법은 무엇인가?

골라 보는 재미,
뷔페 토론

뷔페 토론을 하기 앞서 아이들은 각자가 만든 3단계 질문 중 하나를 골라 논제를 끌어내고, 창문 토의로 한 개의 모둠 논제를 먼저 정합니다. 비교적 수월하게 논제를 만들어 내는 모둠도 있지만, 어떤 그룹은 서로 자기가 생각하는 핵심 키워드를 논제에 넣겠다고 한참 동안 의견조율을 합니다. 또 어떤 그룹은 한 사람이 개별 논제를 만들지 못해 기다려야 되는 고충을 토로하기도 합니다.

토론하기 전에, 일곱 개의 논제에 대해 자신의 주장, 생각과 의견, 이유와 근거 등을 간단하게 적습니다. 자신의 생각을 미리 적고 토론을 시작하면, 토론 후 바뀐 자신의 생각과 견주어 볼 수 있어서 좋고, 또 한 주제당 주어지는 2~5분 가량의 토론시간을 좀 더 효율적으로 사용할 수가 있습니다. 뷔페 토론은 논제를 마음대로 선택할 수 있는 자율권이 주어지는 대신, 반드시 배려와 협력이 수반되어야 논제 일곱 개를 모두 원활하게 토론해 볼 수 있습니다. 그 점을 강조하자 모두 고개를 끄덕입니다.

본격적으로 뷔페 토론이 시작되었습니다. 처음에는 자신의 모둠에서 만든 주제로 토론을 시작합니다. 타이머를 3분으로 맞춥니다. 시간이 부족하지는 않을까 염려했는데 웬걸요. 첫 시작이라 그런지 타이머가 울리기도 전에 토론이 끝났다며 멍하니 앉아있는 아이들이 많습니다. 자기 생각을 돌아가며 말하는 것이 끝나자 토론도 끝났다고 생각했을 게 분명합니다. 토론과 돌아가며 말하기의 차이점에 대해 다시 한번 설명을 해줍니다. 그래도 시간이 남으면 뷔페 토론 학습지에 자신의 의견을 보충해서 적거나 바뀐 생각이 있으면 기록하도록 하였습니다.

첫 번째 이동을 시작합니다. 걷는 아이, 뛰는 아이, 친구 따라 그룹을 바꿔 가며 우왕좌왕하는 아이, 어디에 앉게 되든지 별 관심이 없어 보이는 아이 등 이동하는 모습도 가지각색입니다. 이번에는 토론이 끝났다며 멍하게 앉아 있는 아이들이 현저하게 줄었습니다.

네 번째쯤 이동이 반복되자, 자리가 꼬이는 아이들이 두세 명 발생합니다. 비어 있는 자리는 이미 토론했던 주제라 갈 수가 없고, 아직 토론을 못 해본 주제는 이미 다른 아이들이 앉아 버린 상태입니다. 드디어 제가 나설 차례입니다. 토론 분위기를 유지하기 위해서는 빈자리가 있는 모둠의 주제를 아직 맛보지 못한 아이들을 빨리 확인하고 자리를 조율해야만 합니다. 한 주제로 네 명이 토론할 수 있게 자리가 마련되어 있지만, 토론하고 싶은 주제를 자유롭게 선택하다 보니 주제별로 인원이 몰리거나 모자라는 일이 생기기 때문입니다.

한 아이에게 "어차피 나중에 다 토론하게 될 거니까 자리를 좀 바꿔 줄래?"라고 제안했더니 "왜 하필 저예요?"라며 불만 가득한 표정을 짓습니다. 뷔페 토론은 자유롭게 이동하며 토론하는 방식이라 서로 배려하고 협력해야만 한다고 강조를 했었는데, 이런 반응을 보이니 실망스러움이 밀려옵니다. 그때 한 아이가 "제가 바꿔 줄게요"라며 선뜻 자리를 바꿔 줍니다. 순간, 저도 반 아이들도 그 작은 배려에 감동과 배움을 얻습니다.

다시 토론이 시작됩니다. 교실 밖에서 보면 아이들이 아무렇게나 이동을 하는 것처럼 보이고 굉장히 소란스럽게 느껴질지 모르지만, 아이들의 표정은 그 어느 때보다 진지합니다. 마지막 일곱 번째 이동이 시작되자, 두 명의 아이들이 자리를 찾지 못해 도움을 요청합니다. 한 주제를 제외하고는 나머지는 다 토론을 해본 상태라 이번에는 어쩔 수 없이 한 논제로 여섯 명이 모여 토론을 합니다.

모둠1: 타인을 위해 봉사하면 행복한가?

행복하다

- 다른 사람을 기쁘게 해줄 수 있고, 나도 뿌듯하기 때문에 내 기분도 좋아져서.
- 나의 도움으로 다른 사람이 편해지기 때문에.
- 봉사를 하고 나면 보람과 성취감이 들어서.
- 내가 하는 작은 봉사가 조금이나마 우리 사회에 희망이 되기 때문에.
- 남을 위해 희생을 한다는 건 정말 멋있는 일이기 때문에.

- 봉사는 나를 정화시켜 주기 때문에.

대상이 누구냐에 따라 달라진다

- 봉사를 할 대상이 나와 관계가 좋다면 행복할 것이고, 그렇지 않다면 행복하지 않을 것 같다.

행복하지 않다

- 나에게 아무 이득도 없고 쓸데없이 시간과 힘을 낭비하는 것이기 때문에.
- 타인이 동정의 눈빛 때문에 힘들어할 수도 있어서.
- 자발적으로 하지 않고 억지로 한다면 오히려 기분이 나쁠 수도 있기 때문에.
- 봉사를 하면 힘들기 때문에, 힘들면 짜증이 나고 점점 싫어지기 때문에.

모둠2: 무료급식은 가난한 사람들에게 도움이 되는가?

도움이 된다

- 가난한 사람들이 그 돈을 아낄 수 있기 때문에.
- 아무리 노력을 해도 돈을 못 벌고 힘들게 살 때 최소한 굶지 않아도 되니까.
- 경제적으로 빈곤하기 때문에 무료로 한 끼 식사를 제공받는 것

도 그들에겐 큰 혜택이므로.

• 사람은 먹어야 살 수 있는데, 무료급식을 하면 끼니는 때울 수 있으니까.

도움이 안 된다

• 기부와 같은 방법으로 도움을 주어야 행복을 되찾을 수 있기 때문에.

• 배고픔은 달랠 수 있지만 수치심이 들 수도 있기 때문에.

모둠3 : 어떤 삶이 행복한 삶인가?

• 내가 하고 싶은 것을 하면서 살 수 있는 자유로운 삶.

• 내가 충분히 즐겁고, 만족하며 사는 삶.

• 남을 도와줄 수 있고 뭐든지 소중하게 생각하는 삶.

• 친구가 있고 자신이 하고 싶은 것을 즐길 수 있는 삶.

• 가족, 친구들과 평범하고 화목하게 사는 삶.

• 배려, 감사, 사랑이 있는 삶.

• 좋아하는 사람과 함께 살아가는 삶.

토론 후 글쓰기

논제 글쓰기

일곱 개의 주제로 뷔페 토론을 마치고 아이들은 모두 원래의 자기 자리로 돌아가 앉습니다. 토론했던 주제 중 쓰고 싶은 논제를 한 가지 골라 자신의 의견을 주장하는 논제 글쓰기를 해보자고 했습니다. 논제가 다 맘에 들어서 한 개를 고르기가 너무 힘들다는 아이가 있는 반면, 어떤 것을 골라도 쓰기가 어렵고 힘들 것 같다고 볼멘소리를 하는 아이도 있습니다. 글을 쓰기 전에 주장하는 글은 어떻게 쓰면 되는지 물었더니 대부분 논제에 대해 자신의 주장을 쓰고 적절한 이유나 근거를 쓰면 된다고 합니다.

앞에서 설명했지만 아이들은 여전히 이유와 근거를 같은 것으로 혼동합니다. 근거를 쓸 때에는 이유를 뒷받침해 줄 구체적인 자료를 제시하는 게 좋다라고 했더니 여전히 "근거를 찾기가 어려워요", "어떻게 쓰는 건지 잘 모르겠어요"라는 반응을 보입니다. 이럴 땐 설명보다는 한 가지 예를 들어 말해 주는 게 더 낫지요. 가령 '음식을 골고루 먹으면 건강에 좋은가?'라는 논제로 토론을 했을 때 '나는 음식을 골고루 먹는 게 꼭 건강에 좋다고는 생각하지 않는다'라고 주장한다면 '사람마다 체질이 다 다르고, 체질에 따라 몸에 좋은 음식도 다 다르기 때문이다'라고 이유를 제시할 수 있습니다. 이 이유에 합당한 근거를 다음과 같이 말해주었습니다.

"한의사인 조병제 원장은 메디컬 프로그램인 「닥터스」에서 사람마다 생김새와 성격이 다르듯이 체질도 모두 다르다고 했습니다. 예를 들어 고추나 생강, 오리고기나 닭고기처럼 열이 많은 음식들은 위장을 보호하고 도와주므로 위장이 약한 분들에게는 체질에 맞는 좋은 음식이지만, 반대로 위산 분비가 많고 위장에 열이 많은 분들은 돼지고기와 같이 차가운 성질을 지닌 음식을 먹어야 좋다고 합니다. 무조건 음식을 골고루 먹는 것보다 자신의 체질에 맞는 음식을 섭취하는 게 건강에 더 좋습니다."

주장에 따른 이유와 근거를 어떻게 써야 하는지 간단하게 예를 들어 설명했지만 몇몇 아이들은 여전히 난감해하고 어떤 아이들은 자신감을 보이기도 합니다. 마칠 시간이 다 되어 글을 쓸 시간이 얼마 남지 않았다고 했더니 쉬는 시간을 조금이라도 더 확보하려는 듯 너도나도 앞다투어 종이를 메꿔 가기 시작합니다. 책상을 책받침으로 사용해서 그런지 연필로 글을 쓰는 소리가 유난히 경쾌하게 들립니다.

논제1: 타인을 위해 봉사하면 행복한가?

✏️ 타인을 위해 봉사를 하면 행복하다고 생각한다. 왜냐하면 첫째, 나의 경험을 비춰 볼 때 봉사를 하고 나면 봉사를 받는 사람이 고마워하니까 마음이 흐뭇하고 뿌듯하다. 그럴 때면 나도 모르게

입가에 미소가 번진다. 둘째, 다른 사람에게 봉사하는 삶을 산 사람의 영화를 보고 나서 침을 채취해 보니 면역력이 영화를 보기 전보다 높게 나왔다. 잔인한 영화를 보고 역시 채취했는데 면역력이 낮게 나왔다. 이런 연구 결과를 보면 다른 사람에게 봉사하고 배려하는 마음을 가지고 실천하는 것이 건강하고 행복한 삶인 것 같다.

✏️ 함께 토론했던 아이들은 타인을 위해 봉사하면 모두 행복하다고 했지만 나는 행복하지 않다고 생각한다. 그 이유는 첫째, 타인에게 오히려 압박감을 줄 수 있다. 예를 들어 미술시간에 시간이 다 되었는데 마무리를 못한 친구가 있을 때 "작품 내야 되는 시간이 다 됐는데 내가 좀 도와줄까?"라고 했을 때 그 친구는 마음이 더 다급해져 불안해할 수 있다. 둘째, 타인이 부담스러워할 수 있다. 배려를 하고 싶은 마음이 커서 지속적으로 도움을 주거나 어떤 일을 계속해서 대신 해주면 상대방은 부담스럽게 느낄 수도 있기 때문이다. 이럴 땐 상대방이 요청할 때 도움을 주면 좋을 것 같다. 나는 위의 두 가지 이유로 봉사했을 때 무조건 행복하다고 장담할 수 없을 것 같다. 다른 사람이 부탁을 하면 당연히 도움을 주는 게 맞지만 무리하게 도와주지는 말자.

논제2: 돈이 많고 좋은 곳에 살면 행복한가?

✎ 돈이 많고 좋은 곳에 살면 행복하다고 생각한다. 왜냐하면 첫째, 돈이 많으면 자신이 원하는 것을 얼마든지 가질 수 있고, 하고 싶은 것과 하고 싶지 않은 것들을 선택할 수 있기 때문이다. 둘째, 깨끗한 환경이 갖춰진 좋은 곳에 살면 질병도 오지 않을 것 같고 그렇게 되면 걱정거리도 없어서 항상 긍정적으로 생각하고 말하게 되니까 몸도 더 건강해질 것 같다. 셋째, 스트레스가 쌓이지 않아 마음이 평화롭고 늘 기분이 좋을 것 같다. 따라서 나는 돈이 많고 좋은 곳에 살면 행복할 것 같다.

✎ 돈이 많고 좋은 곳에 산다고 행복한 것은 아니라고 생각한다. 그 이유는 첫째, 돈이 많으면 편리한 점이 많겠지만 인간의 욕심은 끝이 없기 때문에 더 많은 돈을 필요로 하고 요구하다 결국 행복하지 않게 될 수도 있다. 둘째, 저희 할머니는 부자도 아니고 좋은 집에 사시지도 않지만 늘 행복해하신다. 이렇듯 돈이 없고 안 좋은 곳에 산다고 꼭 행복하지 않은 것도 아니다.

논제3: 남을 도와주는 자와 도움을 받는 자 중 누가 더 행복한가?

✎ 저는 남을 도와주는 사람이 더 행복하다고 생각합니다. 얼마 전 '사람은 다른 사람에게 도움을 주고 그렇게 도움을 받은 사람이 행복해지는 걸 보았을 때 가장 행복해진다'라는 프로그램을

보았습니다. 저도 평소에 그렇게 생각하고 있었는데 토론 중 한 친구는 "내가 도움을 주면 나한테 별 도움이 되지는 않아. 그래서 도움을 받는 사람이 더 행복할 거야"라고 하였습니다. 하지만 행복은 꼭 저에게 이득이 있어야 된다고 생각하지는 않습니다. 그래서 저는 남을 도와줄 때 더 행복하다고 생각합니다.

논제4: 무료급식은 가난한 사람들에게 도움이 되는가?

🖉 무료급식은 빈민들에게 도움을 주지 못한다. 왜냐하면 무료급식은 가난한 사람들을 위해서 만든 시설이지만 무료급식을 받는 사람의 처지에서 보면 자신이 한심해 보일 수도 있고 비굴해 보일 수도 있고 무료로 먹는 자신이 창피할 수도 있고 아는 사람을 만나면 민망할 수도 있기 때문이다. 가난한 이들을 돕겠다고 지어진 시설이지만 그들의 입장을 더 배려해야 할 필요가 있다. 우리의 생각과 입장만으로 무료급식소를 운영하지 말고 가난한 사람의 처지와 입장을 우선적으로 고려해야 한다고 생각한다.

논제5: 어떤 삶이 행복한 삶인가?

🖉 내가 생각하는 행복한 삶은 평범하게 사는 삶인 것 같다. 평범하게 사는 게 가장 힘들다고들 하지만 너무 잘살거나 유명해지면 부담스럽고 신경 쓸 일도 많을 것 같다. 그렇다고 너무 힘들게 사는 삶은 말 그대로 힘들고 짜증이 많이 날 것 같다. 그래서 평범

하게 사는 삶이 가장 행복한 삶인 것 같다. 평범한 삶 속에서 소소하지만 확실한 행복을 느끼고, 조금 어렵더라도 극복해 나가면서 사는 게 행복한 삶인 것 같다.

✏️ 저에게 어떤 삶이 행복한 삶이냐고 묻는다면 저는 서로를 배려하는 삶이라고 생각합니다. 우리가 만약 서로를 배려하지 않는다면 어떻게 될까요? 우리의 삶에서 배려가 사라진다면 사람들은 예의 없이 행동하게 될 것이고, 서로 자기 생각만 옳다고 우기게 될 것입니다. 그래서 저는 생활 속에서 사소한 언행도 배려하는 마음으로 말하고 행동한다면 모두가 행복한 삶을 살게 될 것이라고 생각합니다. 우리가 서로 싸우고 싫어하는 이유도 상대방에 대한 배려심이 부족하기 때문입니다. 배려하는 마음이 없으니 행동에도 배려가 없습니다. 누군가 배려를 하면 배려를 받는 상대방도 저절로 배려를 하게 될 것입니다.

함께 글쓰기

각자 한 문장으로 글쓰기를 하고 모둠끼리 함께 글쓰기를 해보았습니다. "한 문장으로 소감을 적으려니 더 어려워요." "그냥 느낀 점을 적으면 되나요?" 이런 반응을 보면서 어떤 아이들은 오히려 한 문장 글쓰기를 더 어려워하고 부담스러워한다는 걸 알았습니다. 얼핏 생각하기에 한 문장으로 짧게 쓰는 게 더 수월할 것 같은데 말이죠. 책의 내용과 소감을 함축해서 표현하려니 더 많은 생각을 해야 된다는 걸 알게 된 것 같습니다.

함께 글쓰기를 하기 전에 먼저 각자 포스트잇에 한 문장씩 글을 쓰고 A3 용지에 순서 없이 붙입니다. 그런 다음 글의 연결이 자연스럽게 순서를 재배치하고 의논을 통해 내용을 약간씩 수정합니다. 그런 과정에서 아이들 간에는 저절로 토론과 토의가 활발하게 일어납니다. 애초에 20~30분 내외로 충분히 마칠 수 있을 거라는 생각은 오판이었습니다. 생각보다 의견조율이 힘든지 머리를 맞대고 의논에 의논을 거듭합니다. 결국 한 모둠은 시간 내에 마무리를 다 못 하고 수업 시간이 끝나고 말았습니다. 그 모둠에게는 틈날 때마다 제 연구실로 내려와 마저 마무리하라고 흘리듯이 말하고는 수업을 정리하였습니다.

다음 날 아침 자율학습 시간에 어제 마무리를 못 하고 간 네 명의 아이들이 제 연구실을 찾았습니다. 20분간 한참을 의논하고 고쳐 쓰더니 1교시 수업 시종이 울리자 하던 작업을 멈추고 올라갑니다. 여전히 미완성입니다. 슬쩍 훑어보니 특별한 내용도 없어 보입니다. 마무리를 할 수나 있겠나 싶었는데 웬걸요. 쉬는 시간마다 내려와 난상토의를 하고 수정하기를 반복하는 것이었습니다. 제가 야단을 치거나 강요하지도 않았는데 쉬는 시간마다 꼬박꼬박 내려오는 아이들의 자발성에 살짝 놀랐습니다. 쉬는 시간이 짧은 탓에 아이들은 모두 네 번을 오르락내리락하고 나서야 함께 글쓰기가 완성이 되었습니다.

쉬는 시간만큼은 친구들과 이야기하면서 놀고 싶었을 텐데 아무도 불평을 하지 않고 내려와 글쓰기를 완성해 준 네 명의 책임감 있는 학생들! 무엇이 이 아이들을 이렇게 자발적으로 움직이게 했을까요? 활동을 마친 후 그 네 명의 소감을 들어 보지 않을 수 없었습니다.

"친구들과 함께 이야기를 나누며 글을 써서 너무 좋았어요. 친구들의 의견을 들어 볼 수 있어서 좋았고, 나의 의견을 친구들에게 들려주고 생각을 나누는 게 재미있었습니다."

"친구들과 같이 의견을 주고받으면서 글을 고쳐 보니까 좋은 글이 된 것 같아요."

"친구들의 의견과 나의 의견을 비교하면서 나의 생각이 바뀌게 된 점도 좋았어요."

"나의 생각이나 의견은 주관적인데, 친구들과 함께 글쓰기를 하면 친구들이 내 의견을 객관적으로 바라봐 주니까 좋았어요."

소감 역시 저를 놀라게 만들었습니다. 처음에 활동을 시작할 때 네 명 중 한 명이 제게 이렇게 말했던 게 생각이 났거든요. "선생님, 저는 친구들이 잘할 수 있을지 걱정돼요. 다른 모둠은 의논이 잘되는 것 같은데 저희 모둠은 생각이 다 달라요"라고 말입니다. 역시 아이들은 제가 생각했던 것보다 훨씬 더 많은 것들을 느끼고 자기 삶으로 가져갑니다.

모둠1

각자 한 문장 글쓰기

- 할머니의 봉사하고 싶은 마음이 너무 좋고, 만약 내가 도움을 받는 사람이었다면 고마움보단 내가 먼저 도와주고 싶은 마음이 우선이었을 것이다.
- "꼭 눈으로만 세상을 볼 수 있는 것은 아니다. 어떤 사람은 귀로 세상을 본단다"라고 할머니가 얘기했을 때 이런 따뜻한 마음을 본받아야겠다고 생각했다.
- 할머니의 차별 없는 행동과 봉사한 것들이 온 세상으로 뻗어 나갔으면 좋겠다.
- 책 속에는 사람들의 시선과 할머니의 마음이 지혜롭고, 시제이에게 봉사와 배려를 알려 주는 할머니의 마음이 나에게도 잘 와닿았다.

네 명이 함께 글쓰기

책 속에 다양한 사람들의 시선과 지혜로운 할머니의 마음과 시제이에게 봉사와 배려를 알려 주는 할머니의 마음이 나에게도 잘 와닿았다. "어떤 사람은 귀로 세상을 본단다"라고 할머니가 얘기했을 때 할머니의 배려하는 마음이 너무 보기 좋았고, 만약 내가 도움을 받는 입장이었다면 고마움보단 내가 먼저 도와주고 싶은 마음이 우선이었을 것이다. 할머니의 차별 없는 행동과 봉사하는 마음이 온 세상으로 뻗어 나갔으면 좋겠다.

모둠2
각자 한 문장 글쓰기

- 가장 행복한 삶을 살고 있음에도 불구하고 내 주위에 있는 작은 행복을 놓치고 살고 있는 나를 돌아보게 되었다.
- 나는 처음 우리 주변에서 이렇게 많은 것들이 행복을 주는지 몰랐지만 시제이의 할머니께서 "꼭 눈으로만 세상을 볼 수 있는 게 아니야"라고 말했을 때 이 세상을 여러 가지로 볼 수 있다고 느끼고 세상을 눈으로만 보지 않게 되었다.
- 이 책은 사람들의 시선을 알려 주는 것 같은데, 시각 장애인의 시선과 지저분한 도로, 유리창 등의 시선을 알려 주고 있고, 그런 것만 있는 것이 아니라 생각지도 못한 곳에서 아름다운 것이 있다는 것을 알려 주는 것 같다.
- 봉사는 시간 낭비라고 생각했는데 시제이와 할머니의 말을 듣고 봉사는 나를 위한 일이라는 것을 알게 되었고, 봉사하는 기회는 정말 소중하다는 것을 알게 되었다.

네 명이 함께 글쓰기

이 책은 사람들의 시선을 알려 주는 것 같은데, 시각 장애인의 시선과 주변 환경의 시선을 알려 주고 생각지도 못한 곳에 아름다움이 있다는 것을 알려 주는 것 같다. 할머니를 보니 가장 행복한 삶을 살고 있음에도 불구하고 내 주위에 있는 작은 행복을 놓치고 살고 있는 나를 돌아보게 되었다. 봉사는 약간 시간 낭비라고 생각했는데 시제이와 할머니의 말을 듣고 봉사는 시간 낭비가 아니라 자신을 위한 일이라는 것을 알게 되었고, 봉사하는 기회는 정말 소중하다는 것을 알게 되었다. 처음 우리 주변에서 이렇게 많은 것들이 행복을 주는지 몰랐지만 할머니께서 "꼭 눈으로만 세상을 볼 수 있는 게 아니야"라고 말했을 때 이 세상을 여러 가지로 볼 수 있다고 느끼고 세상을 눈으로만 보지 않게 되었다.

핵심 키워드로 글쓰기

전체의 내용을 함축하는 핵심 키워드를 찾아 소감을 적으면 내용을 초점화할 수 있게 되어 자연스럽게 내용에 대해 깊이 있게 생각하고 들여다보게 됩니다.

아이들이 핵심 키워드를 찾는 데 도움이 될 수 있도록 하기 위해 63장의 씨앗-프리즘 가치카드를 각 모둠에 한 세트씩 나눠 주고 책상에 펼쳐 보게 하였습니다. 네 명이 가치카드를 나누어 책상 위에 펴면서 자연스럽게 가치카드의 내용에 대해 이야기하며 음미하는 시간을 가지게 됩니다. 서두르지 말고 천천히 카드를 펼치게 한 후 각각 자신이 생각하는 핵심 키워드를 두 장씩 골라 보게 하였습니다. 대부분의 아이들이 제시된 카드 중 책을 읽은 소감을 가장 잘 표현할 수 있는 적절한 핵심 키워드 두 장을 잘 찾아냅니다. 하지만 간혹 카드 안에서 키워드를 못 찾는 학생이 있다면 앞에서 설명한 것처럼 카드와 크기가 비슷한 용지를 별도로 주어 자신이 생각하고 있는 핵심 키워드를 쓸 수 있게 하였습니다. 핵심 키워드 카드를 두 장씩 고르고 나면 네 명이 돌아가며 자신이 그 가치카드를 핵심 키워드로 고른 이유를 친구들에게 간단하게 설명합니다. 그렇게 하면 자신의 생각을 더 잘 정리하게 됩니다. 마지막으로 각자가 고른 카드 두 장씩만 남기고 나머지 카드는 정리하여 박스에 넣은 후 핵심 키워드로 글을 써 보게 하였습니다.

깨달음 / 행복

나는 공부를 잘한다는 소릴 듣지만 그만큼 잘하지는 못한다. 공부에서도 새로운 것을 찾았을 때 얻는 깨달음이 되게 보람차다. 하지만 가끔씩 깨달음이 부족해서 낭패를 겪을 때도 많다. 학교에서 공부를 할 때 다 안다고 떵떵거리며 딴 짓을 한 적이 있다. 결과는 당연하다. 문제를 풀라고 했을 때 풀지 못했다. 지금 생각하면 정말 부끄러운 일이다. 하지만 그 일을 통해 새로운 깨달음을 얻었다. '책이나 유명한 인물의 이야기에서만 깨달음을 찾는 게 아니라 나의 일상도 깨달음의 발판이 될 수 있구나'라는 것을. 다들 "책에서 무엇을 깨달았나요?"라는 질문을 많이 하는데, 자신의 일상에서도 새로운 깨달음을 얻을 수 있다는 것을 알려 줬으면 좋겠다.

시제이도 매일 똑같은 규칙적인 삶을 살면서도 새로운 행복을 느낀다. 시제이의 할머니는 더럽고 어두운 곳에서 아름다움을 찾아낸다. 그때 "행복은 어디에나 있단다"라는 할머니의 말씀은 시제이에게 행복과 깨달음을 주었다. 우리 주위에도 작지만 빛나는 행복들이 있다. 우리가 무심코 지나쳐 왔던 행복들, 내가 제일 좋아하는 아름다움은 언제나 내 주위에 있는 나를 믿어 주고 따라 주는 가족들과 친구들이다. 그들은 내가 지치고 힘들 때, 혼자 외로울 때 제일 먼저 생각나는 아름다움이고 행복을 주는 존재들이다. 늘 함께해 주었고, 내가 일어설 수 있는 버팀목이 돼 주었다. 나를 행복하게 해주는 존재가 있는 나는 행복한 사람이다.

교감 / 평화

난 사람과 자연이 연결되어 있다는 느낌을 받는데 그것을 교감이라 생각한다. 시제이는 음악과 하나가 되어 교감을 느끼는 것 같다. 어린아이들이 인형 놀이를 하면서 인형을 사람처럼 아끼고 함께 노는 것도 어쩌면 교감이 아닐까 생각한다. 나도 기분이 좋거나 나쁠 때 인형과 얘기를 해본 적이 있다. 어떻게 보면 나도 인형과 일종의 교감을 하고 있었던 것 같다.

이 책에는 평화적인 요소가 많다. 시제이는 음악과 교감하며 마음의 평화를 얻은 것처럼 보였다. 마지막 정류장이었던 마켓 스트리트에서 할머니가 "시제이, 저길 보렴. 아름다운 것은 어디에나 있단다. 늘 무심코 지나치다 보니 알아보지 못할 뿐이야"라고 말했듯이 지저분한 그 거리도 아름다운 곳이고 평화로운 곳이다. 무료급식소 위로 떴던 무지개처럼 아름다움과 평화는 어디에든 볼 수 있고 느낄 수 있다. 평화는 꼭 전쟁이나 싸움이 없는 상태만을 말하는 것이 아니라 서로를 존중하고 배려하는 가운데 생겨나는 것이라 생각한다. 배려하고 존중하는 것은 누구라도 마음만 먹으면 할 수 있기 때문에 평화는 어디에서나 만들 수 있는 것이다. 이것이 평화와 교감의 공통점이다.

성실 / 성찰

'성찰'이라는 단어는 나의 생활과 연관이 깊다. 학교나 태권도 학원에서 언행을 잘못해서 선생님께 혼난 적이 있었다. 한 번씩 자신의 말이나 행동을 돌아보아야 한다. 그럴 때 시제이의 할머니처럼 자기 주변에서 아름다움을 찾으며 나의 언행과 마음을 돌아보는 것도 좋은 방법이라고 생각한다. 이것이 '성찰'이라는 키워드를 선택한 이유이다.

또 하나의 핵심 키워드로 '성실'을 선택한 이유는 어떤 일을 할 때 정성을 다하고 최선을 다하는 시제이의 할머니가 떠올랐기 때문이다. 할머니는 시제이에게 늘 웃어 주고 최선을 다해 질문에 답해 주고 다른 사람들을 대할 때도 정성을 다한다. 나는 최선을 다하고 정성을 다한 일보다 대충대충 한 게 더 많은 것 같다. 하지만 태권도와 학교에서 내게 주어진 일만큼은 최선을 다한다. 그렇게 하면 기분도 좋고 뿌듯하다.

경청 / 예의

내가 생각하는 경청은 그냥 조용히 하고 잘 듣는 것이라고 생각한다. 그런데 할머니와 시제이는 기타 치는 아저씨의 노랫소리를 그냥 듣는 것이 아니라 온전한 마음을 정성껏 들어서 정말 놀랐다. 나는 윗사람 말씀이라면 경청해서 듣는다. 가끔은 경청을 안 하는 날도 있다. 선생님께서 말씀하시는데 옆 친구랑 장난친다고 못 듣고 나중에 선생님께 다시 물어본 적이 있다. 그땐 진짜 창피했다. 할머니와 시제이를 본받아 이제부터라도 경청을 해야겠다.

예의는 다른 사람에게 인사를 하거나 존중하는 것이라고 생각한다. 나는 항상 윗사람과 눈이 마주치면 인사를 한다. 어떤 사람은 인사를 받아 주지만 어떤 사람은 내 인사를 무시해 버린다. 그럴 땐 몹시 기분이 불쾌하다. 혼자서 말도 안 되는 오해를 하기도 하고 사이가 멀어지기도 한다. 하지만 할머니와 시제이는 버스 안에서 인사를 했을 때 분명히 인사를 무시하는 사람이 있었을 텐데도 웃는 얼굴로 불쾌함을 느끼지 않는 것 같아서 너무 대단했다. 나는 그러지 못할 것 같은데…. 노력해 봐야겠다.

나눔 / 협력

나의 핵심 키워드는 '나눔'과 '협력'이다. 평소에 길을 걷다가 노숙자나 어려운 사람들을 보았을 때 돈이나 물건을 주는 것이 나눔이라고 생각했다. 하지만 이 책을 읽고 나서 꼭 돈이나 물건이 아니더라도 나눔을 충분히 할 수 있다는 것을 시제이와 할머니가 무료급식을 나누어 줄 때 다시 한번 깨달았다.

요즘 들어 나는 협력이라는 단어를 사용하지 않게 되었다. 하지만 시제이가 무료급식소에서 봉사를 할 때 그곳에서 함께 봉사하는 사람들과 협력을 해야 봉사를 제대로 할 수 있다는 것을 알게 되었다. 앞으로 책을 읽을 때 그 책과 연결되어 있는 핵심 키워드를 찾아보면서 읽을 것이다.

두 번째 책,
『리디아의 정원』

— ◆ —

무뚝뚝한 삼촌과 함께 살게 된 리디아,
삼촌을 웃게 만들기 위해 놀라운 계획을 세우다!

얼마 전 친구가 선물해 준 호야가 오각형 모양의 꽃봉오리를 맺더니 마침내 분홍색 별꽃을 활짝 피웠습니다. 난생처음으로 호야가 꽃을 피운 것을 보았습니다. 별처럼 생긴 꽃이 피다니 참으로 신기했습니다. 『리디아의 정원』을 처음 만난 날, 저에게 호야를 선물한 친구가 떠올랐습니다. 그런데 정작 그 친구의 사무실에는 식물이 하나도 없습니다. 처음부터 화초를 키우지 않았던 것은 아닙니다. 그렇다고 화초를 특별히 싫어하는 것은 더더욱 아닙니다. 나름 물도 주며 가꾼다고 하는데도 늘 한두 달 만에 시들어 버려서 요즘에는 아예 키울 생각조차 하지 않는다고 합니다. 『리디아의 정원』을 처음 봤을 때 그 친구에게 식물 대신 이 책을 선물하고 싶다는 생각이 들었습니다.

방금 일을 마치고 온 듯 모종삽을 높이 치켜든 리디아는 반가운 사람이라도 본 것처럼 손을 흔들고 있습니다. 가녀린 왼손으로 감싸 안은 화분이 무거워도 보이는데 리디아의 얼굴은 환하기만 합니다. 자신의 키보다 한두 뼘 더 길어 보이는 해바라기가 그녀의 밝은 얼굴만큼 화사합니다. 아마도 이 소녀의 이름이 리디아일 것입니다. 그리고 그녀는 옥상에 자신만의 정원을 가꾸고 있을 것만 같습니다. 『리디아의 정원』이라는 제목에 걸맞게 분명 아름다운 꽃과 다양한 식물을 키우는 이야기가 펼쳐질 것입니다.

책장을 넘기면 꽃들과 토마토, 채소가 가득한 앞마당에서 리디아와 할머니가 토마토를 따면서 이야기를 나누고 있습니다. 보기만 해도 풍성하고 편안합니다. 그런데 책의 내용은 그리 편안하지만은 않네요. 리디아는 외삼촌에게 편지를 쓰고 있습니다. 집안 형편이 어려워진 리디아는 부모님과 떨어져 외삼촌과 살아야 하는가 봅니다. 슬픈 내용 속에서도 외삼촌에게 피해를 주지 않으려는 리디아의 마음이 엿보입니다. 첫 편지를 쓴 날짜를 보니 1935년 8월 27일입니다. 1935년이면 아마도 미국 대공황의 시기일 것입니다. 지금은 세계 최강대국인 미국이 혹독한 경기침체로 시련을 겪었던 시기입니다. 어쩔 수 없이 리디아를 외삼촌에게 보내야 했을 부모님의 마음은 어땠을까요? 어린 나이에 부모님과 떨어져 살게 된 리디아의 마음은 또 어땠을까요? 책 표지에서 느꼈던 밝고 씩씩하고 환하던 리디아의 모습에서는 전혀 상상할 수도, 생각할 수도 없었던 아련한 아픔이 전해져 옵니다. 리디아는 언제쯤 부모님과 다시 만날 수 있을까요?

책 제목 추측하기

앞표지와 옆면에 쓰여 있는 '리디아의 정원'을 종이로 가리고 표지에 있는 그림을 보면서 책 제목을 추측해 지어 보라고 했습니다. 보통 자기가 읽었던 책을 보면 자기도 모르게 제목이 입 밖으로 튀어나오는 경우가 많아서 혹시 책을 읽은 사람이 있다면 친구들이 마음껏 상상의 나래를 펼 수 있도록 잠시만 말하고 싶은 욕구를 자제해 달라고 부탁했습니다. 다행히 무심코라도 내뱉는 학생이 없어서 모두가 흥미롭게 『리디아의 정원』과 첫 만남을 가졌습니다.

제목을 공개하기 전에 모둠 친구들에게 자신이 지은 제목을 돌아가면서 소개하고 그렇게 지은 이유도 함께 말해 보도록 했더니, 대부분의 학생들은 소녀가 해바라기 화분과 모종삽을 들고 건물 위 검은색 계단 위에서 웃고 있는 모습과 연결 지어 약간의 상상력을 가미해 제목을 짓습니다. 몇몇은 소녀의 이름을 임의로 짓기도 하고, 건물과 계단, 옥상의 상징성을 나름 해석하기도 하고, 계단을 흥미진진한 모험 속으로 들어가는 통로로 상상하기도 합니다. 그런데 남학생 두 명이 '자살'이라는 의외의 제목을 말합니다. 소녀가 높은 옥상에서 마치 뛰어내릴 것만 같은 느낌이 든다고 합니다. 모두가 자신의 안경으로 세상을 읽어 내고 있네요.

- 학교 가기 싫어: 주인공처럼 보이는 아이가 왠지 학교에 가기 싫어서 옥상으로 도망치는 것처럼 보여서.
- 벽돌집의 모험: 벽돌집이 보이고 한 소녀가 모험을 떠나는 것처럼 느껴져서.
- 커다란 세상 속 나의 작은 공간: 담벼락은 큰 세상을, 소녀가 서 있는 계단 위는 자신의 소중한 공간을 상징하는 것 같아서.
- 옥상 위의 화원: 소녀가 옥상처럼 보이는 곳에서 꽃을 들고 있기 때문에.
- 파란이의 신기한 집: 파란 원피스를 입고 있는 소녀가 사는 집에서 신기한 일이 벌어질 것 같아서.
- 엘리자베스의 계단 모험: 소녀의 이름은 몰라서 엘리자베스라 지었고, 계단을 이용해서 모험을 하는 이야기일 것 같아서.
- 해바라기를 든 소녀: 왠지 고흐의 해바라기를 든 소녀를 닮은 것 같아서.
- 꽃 나르는 소녀: 꽃집에서 일하는 소녀가 꽃을 옥상으로 기분 좋게 나르고 있는 내용일 것 같아서.
- 나만의 행복 아지트: 한 아이가 미소를 지으며 건물에 서 있는 것을 보니 왠지 자신만의 아지트로 가는 것 같아서.
- 건물 위의 과수원: 모자를 쓴 아이가 건물 위에서 모종삽으로 뭔가를 심어서 키울 것 같아서.
- 도시 속의 아가씨: 도심 속 건물 사이에 서 있는 아가씨를 다룬

내용일 것 같아서.

- 꽃피는 옥상: 소녀가 반복해서 옥상으로 꽃을 들고 올라갈 것 같아서.
- 계단 위 나만의 행복정원: 소녀가 화분과 삽을 들고 계단 위에 서 있는데 웃고 있는 모습이 행복해 보여서.
- 식물 소녀 엘리스: 건물은 엘리스가 살고 있는 꽃집일 것 같고, 이 소녀는 화분을 들고 웃고 있는 것을 보니 식물을 무척 좋아하는 것처럼 보여서.
- 소녀와 고양이: 소녀와 소녀가 아끼는 고양이가 주인공일 것 같아서.

1단계 질문, 재밌게 즐겨 볼까?

이제 독자 여러분도 단계별 질문에 익숙해졌겠지요? 책의 표지만 보고 질문을 만드는 시간! 책의 내용을 서로 모르니 어떤 이야기든 마구 할 수 있어 아이들어 가장 재밌어하는 단계이기도 합니다. 6학년 아이들에게 설명했던 것처럼 답이 한 가지로 정해져 있거나 '예' 또는 '아니요'로 답할 수 있는 질문보다는 자신의 생각을 자유롭게 말할 수 있는 열린 질문을 만들어 보라고 하면서 한 가지 예를 들어 보충 설명을 해주었습니다. 소녀를 중심으로 질문을 만들 때 "소녀는 무엇을 들고 있나요?"라고 질문하면 '화분' 과 '모종삽'처럼 답이 정해져 있어 더 이상 생각을 할 필요가 없으니, 생각을 하게 하려면 어떤 질문을 만들면 될지 물어보았습니다. 역시 아이들은 몇 번 해보아서 자신 있다는 듯 거침없이 질문을 만듭니다.

"소녀는 왜 건물 위 계단에 올라가 있을까?", "소녀와 고양이는 무슨 관계일까?", "소녀는 왜 손에 모종삽과 화분을 들고 있을까?", "소녀는 몇 살일까?", "부모님은 어디 계시기에 소녀 혼자 위험해 보이는 계단 위에 서 있는 것일까?", "소녀의 입꼬리는 왜 올라가 있을까?" 등등 여기저기서 다양한 질문을 만듭니다. "와! 너희들 진짜 잘 만든다"라며 양손 모두 엄지척을 했더니 몇몇 성격이 급한 아이들은 1단계 질문은 누워서 떡 먹기라는 듯 자신만만한 표정을 짓습니다. 몇 개를 만들면 되냐고 오히려 저를 다그치기까지 하네요. 각자 다섯 개씩 질문을 만들어 보라고 하면 많다고 불평하는 소리가 들리지 않을까 했는데 오히려 신나하면서 질문을 만들기 시작합니다. 시작이 반인데 첫 단추를 잘 잠근 것 같아 보입니다.

→ 1단계 질문

- 이 아이는 왜 계단을 올라갔을까?
- 칼데콧상이 뭘까?

- 옥상과 관련된 추억이나 에피소드가 있다면?

- 위험해 보이는 옥상에 소녀는 왜 보호자 없이 혼자 서 있을까?

- 이 책은 왜 세계의 걸작일까?

- 여자아이는 왜 해바라기와 삽을 들고 있을까?

- 그냥 삽을 들고 있으면 되는데 왜 삽을 높이 들고 있을까?

- 소녀는 왜 옥상 계단 위에 서 있을까?

- 리디아의 정원은 어디에 있을까?

- 여자아이와 고양이 중 누가 리디아일까?

- 소녀의 부모님은 어디에 있을까?

- 저 아이는 지금 내려가려는 걸까? 올라가려는 걸까?

- 건물 꼭대기에 있는 우주선처럼 생긴 것은 무엇일까?

- 리디아의 직업은 무엇일까?

- 제목이 『리디아의 정원』인데 정원은 왜 보이지 않을까?

- 붉은 벽돌집에 어울리지 않는 검은색 계단은 왜 만들었을까?

- 어느 나라가 배경일까?

- 옥상에는 뭐가 있을까?

- 여자아이는 왜 기분이 좋아 보일까?

- 리디아의 정원은 어디에 있을까?

- 리디아는 몇 살일까?

- 정원은 어떤 모습일까?

- 정원에서 어떤 일들이 생길까?

- 리디아는 누구와 정원을 만들까?

- 리디아는 왜 하필 해바라기를 골랐을까?

- 계단은 왜 위험하게 건물 밖에 있을까?

- 리디아가 서 있는 계단 위는 어떤 모습일까?

- 시대는 언제일까?

- 소녀가 혼자서만 정원을 가꾸는 걸까? 아니면 다른 사람들이 도와주는 것일까?

- 고양이는 왜 소녀의 곁에 있으려고 할까?

- 리디아는 어느 나라에 살까?

- 이 책에서 고양이는 어떤 역할을 할까?

- 칼데콧상은 왜 받았을까?

- 리디아는 어떻게 정원을 꾸밀까?

- 소녀는 무엇 때문에 계단 위에서 웃고 있을까?

- 소녀는 옥상에서 무엇을 하려는 걸까?

- 작가는 상상을 해서 이 책을 썼을까? 아니면 누군가의 모습을 보고 썼을까?

- 삭막해 보이는 배경인데 왜 제목에 '정원'이란 말이 들어갔을까?

- 제목에 있는 리디아는 누구의 이름일까?

- 주변에 건물밖에 없는데 왜 제목에 '정원'이란 말을 썼을까?

- 여자아이는 왜 고양이와 함께 있을까?

Q1. 옥상과 관련된 추억이나 에피소드가 있다면?

요즘은 대체로 아파트에 살아서 그런지 "옥상에 가 본 적이 없다"라고 말하는 아이들이 대부분이었는데 그래도 몇몇 아이들은 "우리 할머니는 옥상에서 고추도 말리고, 오이와 닭도 키우시는데, 닭이 알을 낳아서 가지고 내려가다가 깨트려서 속상했다. 할머니 댁에 가면 늘 옥상에서 고기를 구워 먹는데 한번은 옥상에서 내려오다가 계단에서 구른 적이 있다. 할아버지는 옥상에서 벌을 키우는데 한번은 벌에 쏘여서 벌침을 빼느라 애먹은 적이 있다"라며 할머니와 할아버지에 대한 그리움이 담긴 곳으로 기억을 합니다. 주거의 형태가 바뀌면서 대부분의 아이들에게 옥상은 별 느낌이나 의미가 없는 장소가 돼 버렸지만 이 아이들에겐 살면서 문득문득 기억될 추억의 한 컷이 되었네요.

또 어떤 아이들은 "옥상 물탱크 뒤에 비밀기지를 만들어 먹을 것과 책을 갖다 놓고 방수가 되는 천을 가져와서 난간에 연결해 지붕을 만들었다. 추석 때 할아버지 댁 옥상에서 투호놀이와 제기차기를 한 적이 있다. 친구 집 옥상에서 물총놀이와 술래잡기를 한 적이 있다. 언니네 집 옥상에서 놀다가 화분을 깨트려 혼난 적이 있다. 할아버지 집 옥상에는 장독대가 많은데 다롱이라는 강아지와 놀기도 하고 사촌들과 숨바꼭질을 하며 숨어 본 적이 있다. 여행 갔을 때 밤에 가족들과 옥상에서 별을 보았다. 아빠가 옥상에 수영장을 설치해 줘서 시원하게 놀았다. 어릴 때 친척 할머니 댁에 놀러 간 적이 있는데 옥상이 너무 예뻐서 나도 크면 옥상이 있는 집에 살고 싶다는 생각을 한 적이 있다. 옥상에서 드론을 날려 본 적이 있다"라며 듣기만 해도 정말 다채롭고 재미난 추억들을 이야기합니다. 이 아이들에게 옥상은 그저 놀이의 공간입니다.

"예전에 아파트 옥상에 가 보고 싶어서 부모님과 함께 경비실 아저씨께 부탁드려 잠시 논 적이 있다"라고 하거나 "5학년 때 학교 옥상에 올라가 보려고 했는데 문이 잠겨 있어서 실망한 적이 있다"라고 이야기한 아이도 있었는데 그들에게 옥상은 호기심의 대상이자 미지의 영역이기도 하겠지요. 그런데 옥상에 한 번도 가 본 적이 없는 다수의 아이들에게 리디아의 옥상 정원은 어떤 의미로 와닿을지 궁금합니다.

Q2. 여자아이는 왜 건물 계단 위에서 웃고 있을까?

대부분의 아이들이 소녀가 들고 있는 해바라기 화분과 모종삽에서 단서를 얻어서인지 옥상에 해바라기를 심을 생각에 기분이 좋아서라든가, 정원을 꾸밀 생각에 신이 나서 또는 자신이 심은 식물이 잘 자라니 행복하고 뿌듯해서와 같은 이야기를 늘어놓습니다. 하지만 어떤 아이들은 보이는 그대로를 추측해서 이야기하기보다는 어쩌면 자신의 심리를 반영이라도 하듯 "도시 풍경이 너무 아름다워서. 도시에서 힘겹고 짜증났던 스트레스가 날아가서.

난 소녀가 계단에서 웃고 있는 것을 보지 못했는데. 다른 건물 옥상에 친한 친구가 있어서. 마음이 평온해지는 자신만의 비밀 정원 같은 아지트가 있으니 기분이 좋아서. 건물 아래에 서 있는 엄마를 보니까 기뻐서. 해바라기를 팔면 돈을 벌 수 있겠다는 생각이 들어서"처럼 조금은 다른 대답을 합니다. 도심 속 건물을 보고 아름다운 풍경을 연상하는 아이가 있는 반면 도시 생활의 힘겨운 점을 스트레스와 연결하는 아이도 있습니다. 또 경제관념이 남달라 보이는 한 아이는 열두 살에 부자가 된 키라처럼 해바라기를 내다 팔면 돈을 벌 수 있겠다는 생각을 합니다. 모두가 조금씩 다른 대답을 한다는 게 당연한 듯 보이지만 제게는 참 흥미롭습니다. 아이들이 하는 말에서 각자의 관심사와 생각과 심리가 읽혀지니까요.

Q3. 주변에 건물밖에 없는데 왜 제목에 '정원'이란 말을 썼을까?

『리디아의 정원』이란 제목을 처음 접했을 때 저는 어딘가 특별한 곳에 정원이 있을 것 같다는 생각을 했습니다. 사실 벽돌집 옥상에 리디아가 가꾼 아름다운 정원이 있을 거란 예상은 하지 않았지요. 그런데 아이들은 도시에서 정원을 만들 수 있는 곳은 옥상밖에 없는 것 같다며 옥상에 도시 속 정원을 예쁘게 꾸며 놓았을 거라고 거침없이 말합니다. 마치 책을 읽어 본 것처럼 말이죠. 하지만 몇몇 아이들은 계단과 연결된 건물 안쪽으로 신비한 비밀 정원이 숨겨져 있지 않을까 하는 상상을 통해 행복감을 맛보기도 합니다. 어찌되었건 제목만으로 이미 내용의 절반은 알아 버린 느낌입니다.

Q4. 소녀의 부모님은 어디에 있을까?

앞표지에 홀로 서 있는 리디아를 보며 뭐든지 척척 알아서 할 것 같은 자율성이 뛰어난 소녀로 보는 아이들이 있는 반면, "혼자 있는 걸 보니 분명 부모가 없을 거야"라며 측은지심을 가지는 아이들도 있습니다. 소녀의 부모가 돈을 벌기 위해 다른 나라에 갔을 것 같다거나 돌아가셔서 하늘나라에 계신 것 같다든지 또는 부모님은 없을 것 같고 할머니, 할아버지와 함께 살 것 같다고 말하는 아이들은 리디아의 어떤 모습에서 그렇게 느꼈던 걸까요? 단순하게 생각해 보면 부모님은 그저 집에서 쉬고 있거나 창문을 통해 소녀를 보고 있거나 아니면 직장에 일하러 가거나 외출한 것일 수도 있는데 말입니다. 아이들은 모두 소설가의 자질이 있나 봅니다.

Q5. 이 책은 왜 세계의 걸작일까?

뒤표지 오른쪽 상단에 '세계의 걸작 그림책'이라고 쓰여진 글귀가 보입니다. 흔히들 말하는 걸작이나 명작은 어떤 책일까요? 긍정적인 메시지가 있거나 아이들에게 도움을 주는 책일까요? 많은 사람들이 공감할 만한 재밌는 스토리를 담은 책일까요? 인생에 도움이 될 만한 교훈이 들어 있는 책일까요? 아니면 심사위원들이 잘 쓴 작품으로 뽑은 책일까요?

아이들은 "감동적인 이야기가 펼쳐지고 캐릭터가 인상적이어서. 장사꾼들이 그렇게 얘기해서. 상상력이 멋진 작품이라서. 자기만의 행복을 찾게 해주는 책이라서. 매우 아름다운 이야기로 사람들이 감동을 받아서. 배경그림이 멋지고 내용이 좋아서. 그림책 중에서 제일 많이 팔렸기 때문에. 사람들이 많이 읽고 재미있다는 말을 해서. 표지가 아이들의 눈길을 사로잡아서. 아이들도 읽기 좋고 어른들도 읽기 좋은 책이라서. 소녀의 감정을 잘 표현하고 있어서. 유명한 작가가 쓴 글이고 게다가 그림도 예뻐서. 전 세계 많은 사람들에게 인기를 얻어서. 왜 걸작인지 표지만 봐서는 잘 모르겠다. 도시의 갑갑함을 잘 표현한 책이라서. 내용이 흥미롭고 색달라서. 읽다 보면 빠져들게 되어서. 칼데콧상을 받아서. 실화를 바탕으로 만들어져서 사람들에게 많은 감동을 주니까"라고 다양하게 말합니다. 재미있는 내용과 감동, 게다가 예쁜 그림까지 갖추어야 비로소 걸작 대열에 낄 수 있나 봅니다. 근데 오히려 저는 "왜 걸작인지 표지만 봐서는 잘 모르겠다"라고 말한 아이의 대답이 마음에 와닿습니다.

한 문장으로
책 내용 예상하기

표지 그림을 보고 친구들과 재미있게 나눈 이야기를 바탕으로 어떤 내용일지 추측하여 한 문장으로 써 보라고 했습니다. 한 문장으로 표현하라고 하니 부담이 적었는지 대부분 망설임 없이 쓰기 시작합니다. 어떤 아이들은 도리어 길게 여러 문장으로 적어도 되냐고 물어봅니다. 예상한 내용을 모둠에서 돌아가며 말해 봅니다. 누가 가장 비슷하게 내용을 맞추는지 자기들끼리 내기를 하기도 합니다. 아이들의 상상력은 때론 너무나 기발하고 창의적이어서 어떤 스토리를 만들어 낼지 궁금합니다.

아이들과 함께

- 자신의 정원이 옥상 위에 있는데, 어느 날 보니 정원이 망쳐져 있어 정원을 그렇게 만든 사람을 찾으러 다니는 이야기.
- 신기한 정원에서 고양이와 함께 악당을 물리치는 이야기.
- 리디아가 꽃을 정성스럽게 키웠는데 고양이가 정원을 엉망진창으로 파헤쳐서 그것을 복구하기 위해 노력하는 이야기.
- 리디아가 정원에서 꽃을 가꾸며 여러 사람들과 함께 힘든 일들을 헤쳐 나가는 이야기.
- 리디아가 정원사가 되기까지의 생활을 그린 책.
- 리디아가 고양이와 함께 하나둘씩 꽃을 심으며 자기만의 정원

을 꾸미는 내용.

- 꽃을 어디에 심을까 고민하고 있는데 고양이가 어디에 심으면 좋을지 말해 주는 이야기.
- 리디아와 고양이가 모험을 떠나는 이야기.
- 리디아가 꽃을 좋아해서 엄마 몰래 꽃을 심으러 가는 내용.
- 리디아가 화가 날 때마다 정원에 들러 꽃을 보며 위로를 받는다는 이야기.
- 리디아가 자신만의 정원을 가꾸고 사람들이 보러 오는 내용.
- 리디아의 할머니가 밭에서 키우는 꽃을 가져와서 옥상에서 자신만의 정원을 만들어 나가는 이야기.
- 빨간 머리 소녀가 옥상에 정원을 가꾸어서 사람들에게 꽃을 선물하는 이야기.
- 리디아의 엄마가 가꾼 정원을 리디아가 물려받아 행복하게 정원을 가꾼다는 내용.

표지 그림에 정원의 모습이 보이질 않는데도 리디아가 정원을 가꾼다고 추측한 아이들이 가장 많은 걸 보며 책 제목이 주는 영향력이 참으로 크다는 걸 다시금 실감합니다. 아이들은 무심한 듯 곁에 있는 고양이도 상당히 비중 있게 느낍니다. 말하는 고양이가 리디아의 친구가 되기도 하고 애써 가꾼 정원을 고양이가 망쳐 놓기도 합니다. 또 홀로 서 있는 리디아를 보며 부모가 없는 소녀가장으로 고양이와 단둘이 살거나, 어쩔 수 없이 할머니에게 맡겨져 정원을 꾸미며 살아가는 측은한 소녀로 그리는 아이들도 있습니다. 반면 리디아가 고양이와 함께 모험을 떠나고, 악당을 물리치고, 자신의 꿈인 정원사가 되기까지 진로를 개척해 나간다는 진취적인 모습을 그려 보는 아이도 있습니다. 다음 시간에는 어떤 내용이 펼쳐질지 함께 읽어 보자고 했더니 "선생님, 그 책 우리 도서관에 있어요?"라고 묻습니다. 제가 기다렸던 질문입니다. 역시 시작이 반이고 이미 반은 성공했습니다. 이렇게 책을 읽기 전 내용을 간단하게 예측해 보고 친구들과 공유해 보는 놀이는 책에 대한 흥미를 키워 주고 능동적으로 읽게 만드는 동력이 됩니다.

교사, 학부모와 함께

학부모님들과 함께한 독서 교실과 선생님들이 요청한 온책읽기 컨설팅에서 이 책으로 이야기식 독서토론을 소개한 뒤 단계별로 실습해 본 적이 있습니다. 어른들은 표지 그림만 보고 어떤 내용을 예상할까요?

- 기숙사 생활을 하고 있는 소녀가 본인의 탈출구로 해바라기를 키우고 위안을 얻자 타인들에게도 그러한 위안을 전하기 위해 옥상정원을 꾸미는 내용.

- 여자아이가 식물을 키우면서 자기의 어려움들을 해결해 나가면서 성취감을 느끼고 행복해지는 이야기.
- 도심 속에서 노동자로 살며 자신이 꿈꾸는 정원 있는 집에 살기 위해 고군분투하는 내용.
- 아무도 신경 쓰지 않던 삭막한 옥상을 멋지고 따뜻한 공간으로 만들어 가는 이야기.
- 아이가 마음이 힘든 상태에 있다가 희망찬 마음으로 화분을 들고 넓은 공간으로 옮겨 심으러 나간다는 내용.
- 꽃을 키우기를 좋아하는 리디아가 정원을 꾸미고 자유롭게 살아가는 이야기.
- 삭막한 도시 한가운데 꽃을 심어 마음의 여유를 찾으려는 내용.
- 소녀가 자신만의 정원을 가꾸고 그 과정에서 뿌듯함과 기쁨을 느끼는 내용.
- 다양한 꽃과 동물들이 함께 정원을 꾸미고 즐기는 내용.
- 삭막한 빌딩 숲 사이에 리디아가 형형색색 꽃이 가득한 정원을 가꾸는 이야기.
- 아무도 신경 쓰지 않던 건물 옥상에 리디아가 정원을 만들면서 동네가 조금씩 아름답게 변해 가는 모습을 그린 이야기.
- 힘든 시기에 꽃을 가꾸며 심신을 치유받는 여자아이의 이야기.
- 꽃을 좋아하는 리디아가 마을에 정원을 만들어 가며 소통하는 이야기.

역시나 어른들이 추측한 내용에는 말하는 고양이도, 악당도, 모험을 떠나는 리디아도 등장하지 않습니다. 오히려 삭막한 도시와 노동자가 등장하고 마을이라는 공동체와 연결 지어 '협력'과 '변화'라는 키워드를 끌어냅니다. 하지만 리디아가 정원을 가꾸는 과정에서 기쁨과 성취감을 느끼고, 행복하고 자유롭게 살아간다는 가슴 따뜻한 이야기라는 점에서는 공통점이 있네요.

2단계 2단계

여러 가지 방법으로 책 읽기

리디아가 쓴 열두 통의 편지글을 어떻게 읽으면 좋겠는지 물어봅니다. 짝에게 편지글을 한 편씩 읽어 주면 어떻겠느냐고 한 아이가 의견을 냅니다. 모두 그게 좋겠다고 합니다. 저도 그렇게 읽으면 좋겠다는 생각을 하고 있었는데 아이들이 마치 제 마음을 읽은 것 같네요. 선생님과 엄마들은 마지막 장면에서 외삼촌이 부모님께 돌아가는 리디아를 꼭 안아 줄 때 눈물이 났다는 분이 많았습니다. 5학년 아이들은 이 책을 어떻게 이해하고 얼마만큼 공감할지 궁금합니다. 책 읽기가 시작되자 모두들 책에서 눈을 떼지 못합니다. 진지하게 읽어 나가는 아이들을 보면서 저도 모르게 벅찬 감동이 솟구치는 것은 왜일까요?

포토스탠딩으로
소감 한마디!

소감을 단순히 말로 하거나 글로 써 보는 것과는 다르게 아이들은 한참을 두리번거리며 망설입니다. 책을 읽은 소감을 표현한 이미지 카드 한 장을 고르는 활동이 생각보다 쉽지 않나 봅니다. 딱 한 장을 골라야 하니 더욱 고민스러웠을 겁니다. 카드를 고른 다음 소감과 이미지를 연결하여 모둠 내에서 돌아가며 말하기를 해봅니다. 이미지를 고르는 것은 어렵지만 고르고 나서 이유를 들어보니 고개가 끄덕여지네요.

→ 나눔/손

🖊 옥상에 정원이 있을 것 같다는 예상이 맞아서 기뻤다. 리디아가 부모님께 다시 돌아갈 때 애써 키웠던 꽃을 모두 엠마 아줌마에게 선물하는 부분에서 '나눔'이란 말이 떠올랐다. 이 그림을 고른 이유는 리디아가 꽃을 가꾸던 손인 것 같은 기분이 들어서다.

→ 정원 / 청소부 아저씨

🖊 집안 형편이 어려워져 짐 외삼촌 댁에 가게 된 리디아를 보며 슬픈 기분이 들었다. 지나가는 사람들을 위해 흩어진 나뭇잎을 쓸어 모으는 청소부 아저씨가 아주 예쁜 정원을 만들어 외삼촌을 기쁘게 해드린 리디아처럼 느껴져서 이 카드를 골랐다.

사진의 이미지를 고를 땐 무엇을 골라야 될지 몰라 답답했는데 막상 한 장을 골라 소감을 말하니 생각이 구체적으로 정리된 것 같아 시원함을 느꼈다는 아이, 내용이 실감나게 표현된 것 같아 좋았다는 아이, 친구들이 적극적으로 참여해 주고 잘 들어 주어서 고마웠다는 아이, 그림카드 덕분에 상상력이 더 발휘되었다는 아이, 그림카드를 골라 느낀 점을 말하니 다양한 소감이 나와서 좋았다는 아이 등등 활동 후 소감도 상당히 다양하고 긍정적입니다. 선생님들과 온책읽기 연수 때나 학부모와 함께하는 독서교실에서도 자주 사용하는 방법이지만 역시 아이들의 반응이 가장 좋았습니다.

2단계 질문,
이제 깊이 있게 읽어 볼 차례

모둠 내에서 두 명이 한 조가 되어 첫 번째 편지부터 여섯 번째 편지까지의 내용을 바탕으로 각각 여섯 가지 질문을 만들고, 나머지 두 명은 일곱 번째 편지부터 마지막 편지까지의 내용을 바탕으로 각각 여섯 개의 질문을 만들어 보라고 했습니다.

2단계는 책을 읽고 내용을 파악하는 질문을 만들어 보는 단계입니다. 앞에서도 계속 말했듯이 단답형 질문이나 사실을 확인하는 질문만으로는 생각을 키우기가 어렵습니다. 책의 내용을 이해하고 내용에 근거하여 자신의 생각이나 느낌을 말할 수 있는 질문을 만들어 보거나, '왜?', '어떻게?'로 상황을 분석해 보기도 하고, '~하는 것은 옳을까?'와 같이 판단하고 평가해 보는 질문을 만들어 보는 시간. 아이들은 제가 생각했던 것보다 훨씬 더 재밌고 창의적인 질문을 많이 만들어 냅니다.

→ **2단계 질문**

- 당분간 가족들을 떠나 외삼촌네에서 살면 어떻겠느냐는 말을 들었을 때 리디아는 어떤 마음이었을까?
- 리디아가 외삼촌의 유머 감각이 궁금했던 이유는 무엇일까?
- 리디아를 외삼촌네로 보낼 때 부모님과 할머니의 심정은 어떠했을까?
- 리디아의 아빠는 왜 일자리를 구하지 못했을까?
- 리디아가 혼자서 얼굴도 모르는 외삼촌 댁에 가기 위해서 기차를 타고 갈 때 어떤 생각이 들었을까?
- 기차역에 혼자 내린 리디아의 마음은 어땠을까?
- 왜 가족들은 리디아에게 꽃씨 카탈로그를 보냈을까?
- 리디아에게 꽃씨는 어떤 의미일까?
- 리디아는 몇 살일까?
- 리디아는 왜 잠이 들 때마다 꽃 가꾸는 꿈을 꿀까?
- '어마어마한 음모'란 어떤 음모이고, 무엇을 위한 음모일까?
- 리디아의 굉장한 계획은 무엇인가?
- 리디아는 왜 그렇게 정원을 꾸미고 싶어 했을까?
- 리디아는 평소 어떤 성격의 아이인가?
- 편지를 쓸 때 왜 추신을 쓰는 걸까?

- 만약 나라면 외삼촌 집에서 살면 어떻겠느냐는 말을 들었을 때 어떻게 반응했을까?
- 짐 외심촌은 왜 계속 웃지 않을까?
- 짐 외삼촌은 어떤 성격일까?
- 외삼촌에게 리디아는 어떤 존재일까?
- 리디아가 담아내려고 했던 아름다움은 무엇일까?
- 리디아는 왜 외삼촌께 긴 시를 지어 드렸을까?
- 리디아가 외삼촌께 지어 드린 시는 어떤 내용일까?
- 내가 만약 리디아처럼 정원을 만든다면 어떤 정원을 만들고 싶나?
- 옥상은 왜 그렇게 지저분했을까?
- 엠마 아줌마는 왜 리디아가 비밀 장소를 꾸미는 걸 도와주셨을까?
- 이 동네는 왜 집집마다 창밖에 화분이 있을까?
- 왜 리디아는 이 도시가 아름다워 보일까?
- 리디아는 정원 기술을 어떻게 배웠을까?
- 만약 리디아처럼 비밀장소가 생긴다면 거기서 무엇을 하고 싶은가?
- 리디아는 왜 삼촌을 옥상에 데려가고 싶어 할까?
- 내 생활에서 엠마 아줌마처럼 나를 도와주는 사람이 있는가?
- 외삼촌이 만든 꽃으로 뒤덮인 케이크가 왜 외삼촌이 천 번 웃으신 것만 큼의 의미가 있다고 했을까?
- 만약 내가 '리디아 그레이스'를 바꾸어 부른다면 뭐라고 부를 것인가?
- 사람들은 리디아를 원예사 아가씨라고 불렀는데, 나는 사람들에게 뭐

라고 불리고 싶나?

- 리디아는 정원을 꾸미는 것을 왜 외삼촌에게만 비밀로 했을까?

- 외삼촌께 비밀 장소를 보여 드리기 전에 리디아의 기분은 어떠했을까?

- 외삼촌은 리디아가 꾸민 정원을 보고 어땠을까?

- 왜 행복할 때 가슴이 터질 것 같다고 표현할까?

- 리디아의 가족 형편은 어떤가?

- 나라면 리디아에게 어떤 별명을 지어 주고 싶나?

- 리디아에게 정원을 선물받은 엠마 아줌마는 앞으로 정원을 어떻게 꾸 며 갈까?

- 만약 리디아처럼 비밀장소를 만든다면 어디가 좋을까?

- 집으로 다시 돌아가게 되었을 때 리디아의 기분은 어땠을까?

- 리디아가 불만이 많은 성격이었다면 외삼촌 집에서 어떻게 지냈을까?

Q1. 가족들을 떠나 당분간 외삼촌네에서 살면 어떻겠느냐는 말을 들었을 때 리디아는 어떤 마음이었을까?

만약 여러분이라면 가족과 얼마간 떨어져 살면 어떻겠느냐는 말을 들었을 때 어떤 기분이 들었을까요? 그리고 어떻게 반응했을까요? 아이들은 새로운 곳에 간다는 설렘도 있었겠지만 낯선 곳으로 가야 한다는 두려움이 더 컸을 것 같고, 한동안 가족을 못 만난다고 생각하면 슬펐을 것 같다고 말합니다. 우리 아이들도 리디아처럼 부모와 떨어져 지내 본 적이 있었던 걸까요? 심장이 덜

컹거리고 마음이 복잡했을 것 같다는 아이, 그 말을 들었을 당시에는 너무 충격을 받았을 것 같다는 아이, 절망적이었을 것 같다는 아이, 부모님이 미웠을 것 같다고 말하는 아이의 생각을 들으며 비슷한 맥락이긴 하지만 자신이 리디아가 된 것처럼 감정이입을 하고 있다는 걸 느꼈습니다.

저도 초등학생 시절에 경주 외가댁에서 2년간 학교를 다닌 적이 있습니다. 리디아와는 달리 제가 원해서 그곳에 갔고 외할머니와 외할아버지도 외동딸을 대하듯 부족함 없이 아주 잘해 주셨지만 가끔씩 가족이 그립고 마음이 허전할 때가 있었습니다. 가족과 떨어져 지낸 그 시간이 오히려 제게는 좋은 경험이 되었습니다만, 리디아는 어땠을까요? 상처로 남았을까요? 아니면 좋은 경험으로 여겼을까요?

Q2. 기차역에 혼자 내린 리디아의 마음은 어땠을까?

외삼촌을 만나 새로운 곳에서 지낼 것을 생각하니 설레고 기대가 된다고 말하는 아이들도 있었지만 "낯설고 무섭고 두려웠을 것 같다, 왜냐하면 외삼촌에 대해 잘 아는 것도 아니고 외삼촌이 사는 마을에 처음 와 보는 것이기 때문에. '잘못 가면 어쩌지, 외삼촌은 어떤 분이실까?'라는 생각과 긴장, 설렘 등을 느꼈을 것이다. 혼자라서 무척 두려웠을 것이다. 가족과 떨어져서 쓸쓸하고 슬펐을 것 같다. 앞길이 막막했을 것 같다"라고 말하는 아이들이 대부분입니다. 큰 기차역 한쪽 구석에 덩그러니 서서 높은 천장을 물끄러미 쳐다보는 리디아의 표정에서 리디아가 어떤 마음일지 아이들은 비슷하게 읽어 냅니다. 외삼촌이 잘 웃지 않는다고 하셔서 외롭고 떨렸을 것 같다고 말하는 아이도 있습니다. 책 속에 리디아는 아무 말도 하지 않지만, 말이 없기에 어떤 기분일지 더 공감이 되네요.

Q3 리디아의 아빠는 왜 일자리를 구하지 못했을까?

리디아의 아빠가 "자신의 능력에 맞는 일을 찾지 못해서. 근처에 일자리가 없어서. 사람들이 해고를 당하고 일자리가 부족해서. 경험이 부족하거나 없어서" 일자리를 구하지 못한다고 말하는 것을 보면 경기가 어려워 취직도 힘들고 갈수록 실직자가 늘어나고 있는 요즘의 상황에 대한 이해가 당시의 상황을 어느 정도 가늠하게 하는 듯합니다.

짐 외삼촌께 리디아가 첫 편지를 보내던 때가 1935년입니다. 미국이 혹독한 경기침체로 시련을 겪었던 대공황의 시기죠. 1929년 미국에서 대공황으로 시작된 경제 불황은 회복을 겪는 듯했지만 다시 대공황을 맞았고, 제2차 세계대전을 치르고 나서야 비로소 회복이 되었습니다. 하지만 아이들은 리디아가 쓴 편지글만으로는 이러한 사실을 알기 어렵습니다. 책을 제대로 이해하려면 배경지식을 알아야 합니다. 배경지식을 알면 책의 내용을 더 깊이 이해하게 되니까요.

Q4. 짐 외삼촌이 웃지 못하는 속사정은 뭘까?

그런데 아빠, 외삼촌은 유머 감각이 있는 분이에요?

추신: 짐 외삼촌은 잘 웃지 않으세요.

저는 짐 외삼촌께 아주 긴 시를 지어 드렸어요. 웃지는 않으셨지만 좋아하시는 것 같았어요.

추신 : 짐 외삼촌은 아직도 웃지 않으십니다. 하지만 곧 웃으실 거예요.

추신 : 짐 외삼촌이 함빡 웃을 만한 계획을 짜고 있어요.

추신 : 오늘 짐 외삼촌이 희미하게 웃으시는 걸 보았어요. 가게는 빵을 사러 온 손님들로 꽉 찼어요.

추신 : 이제 곧 짐 외삼촌이 웃으실 거예요. 자신 있어요.

리디아는 거의 매번 짐 외삼촌이 웃지 않는 것에 대해 쓰고 있습니다. 리디아는 외삼촌이 웃지 않는 것이 왜 마음에 걸렸을까요? 짐 외삼촌이 웃지 못하는 속사정은 과연 뭘까요? 빵 가게가 잘 안돼서 빌린 돈에 이자가 불어나 그렇다는 아이도 있고, 가난해서 잘 웃지 않는다는 말을 하는 아이도 있습니다. 이 말을 들으니 왠지 가슴 한구석이 찡합니다. 짐 외삼촌의 어깨에 진 짐이 너무 많아서 웃지 못하는 걸까요? 경제적으로 형편이 좋지 않아 걱정거리가 많아서 그렇다는 아이들이 대부분이었지만 원래 잘 웃지 않는 무뚝뚝한 성격이라서 그렇다는 아이도 있고, 결혼을 못해 외로워서, 부인과 아이들이 죽고 없어서 그렇다는 말을 하는 아이도 있습니다. 어떤 이유에서건 리디아는 희망을 가지고 짐 외삼촌의 웃음을 찾아 주기 위해 비밀 장소에 형형색색의 아름다운 꽃을 정성껏 가꾸어 나갑니다. 힘든 상황에서도 리디아는 어쩌면 이렇게 낙관적일 수 있는지 그녀의 긍정적인 시선이 솔직히 참 부럽습니다.

Q5. 만약 리디아처럼 비밀 장소가 생긴다면 무엇을 하고 싶은가?

현대인들이라면 누구에게도 방해받지 않는 자신만의 공간을 가지고 혼자만의 시간을 보내고 싶어 하지요. 아이들은 그런 공간이 있다면 책 읽기, 휴식하기, 간식 먹기, 고양이 키우기, 친구와 하루 종일 뒹굴거리며 놀기, 핸드폰하기, 게임하기, 태권도하기, 취미생활하기, 망원경을 두고 별 관찰하기, 나만의 도서관으로 꾸미기, 돈을 벌기 위해 빌려주거나 팔기, 채소 키우기, 파티장 만들기, 방탄소년단 포스터로 도배하기 등을 해보고 싶다고 말합니다.

결국 사람들마다 혼자만의 공간이 필요한 이유는 누구에게도 방해받지 않고 혼자 하고 싶은 것을 실컷 해보고 싶어서가 아닐까요. 존 그레이의 『화성에서 온 남자 금성에서 온 여자』에서 화성인인 남성은 자신이 해결해야 될 문제가 발생하면 혼자만의 공간에서 혼자만의 시간을 가지면서 해결책을 찾아내지만, 금성인인 여성은 주변 사람들과의 대화를 통하여 문제를 해결합니다. 존 그레이는 성별에 따른 성향의 차이가 있다고 보았지만, 사실 금성인인 저는 스트레스를 받거나 해결해야 될 문제가 생기면 대화보다는 혼자만의 조용한 시간과 공간을 더 원하는 것 같습니다. 즉 요즘은 남성과 여성, 어른과 아이를 구별할 것 없이 대부분 자신만의 시간과 공간을 확보하려는 비중이 점점 더 커져 가는 것이죠. 말로는 늘 외롭다고 하면서 말입니다.

Q6. 리디아가 불만 많은 성격이었다면 외삼촌 집에서 어떻게 지냈을까?

리디아는 『행복을 나르는 버스』에 나오는 시제이의 할머니만큼이나 세상을 아름답게 보는 시선을 가졌습니다. 형편이 어려워짐 외삼촌 댁에서 지내야 되는 사실을 알고도 부모를 원망하기보다는 외삼촌께 자신이 할 수 있는 일은 다 거들겠다는 말을 건네는 리디아에게서 삶에 대한 자신감과 용기가 느껴지는데요.

하지만 리디아의 성격이 매사에 부정적이고 불평불만이 많은 성격이었다면 외삼촌 집에서 어떤 일들이 벌어졌을지 궁금합니다. 아이들은 "빵 만드는 일이 힘들고 귀찮다며 짜증을 내고 외삼촌과도 사이가 좋지 않았을 것이다. 마을 사람들에게 '원예사 아가씨'가 아닌 '불만 아가씨'라 불렸을 것이다. 외삼촌이 이런 조카는 필요 없다며 집으로 돌려보냈을 것이다. 매일같이 외삼촌과 싸우고 고양이에게 화풀이를 했을 것 같다. 결국 외삼촌과 사이가 좋지 않아 가출했을 것이다. 집에 가고 싶다고 외삼촌께 짜증을 부렸을 것이다"라고들 합니다. 아이들의 입에서 예상 밖의 이야기들이 마구 쏟아질 줄 알았는데 의외로 선을 넘는 이야기가 없습니다.

문득 어릴 적 TV에서 많이 보았던 투덜이 스머프가 생각납니다. 나는 혹시 직장이나 가정에서 투덜이 스머프로 살고 있지는 않을까 되돌아보게 되네요. 불평은 쉽습니다. 마음에 들지 않는 일이 있으면 그저 입 밖으로 툭 쏟아 내면 그만이니까요. 감정은 일종의 습관입니다. 불안한 감정을 느끼면 우리의 뇌는 불안한 감정을 확대해석하고, 기쁨을 느끼면 기쁜 감정을 확대해석합니다. 불평도 습관입니다. 심리학자인 제프리 로어는 "화가 난다고 해서 불평을 쏟아 내는 습관은 마치 밀폐된 엘리베이터에서 방귀를 뀌는 것과 같다. 당장은 시원할지 몰라도 금세 주변 사람들이 괴롭고 나 자신까지 괴로워진다"라고 했습니다. 그렇다고 화가 날 때마다 무조건 참는 것은 더더욱 잘하는 일이 아닙니다. 그러면 결국 언젠가는 폭발하게 되겠지요. 즉문즉설로 잘 알려진 법륜스님은 '스님의 하루'라는 코너에서 '불편은 느끼되 불평은 하지 않는 사람이 됩시다'라는 주제로 법문을 하신 적이 있습니다. 화장실이 재래식밖에 없는 상황에서 "화장실이 왜 이러냐?" 불평하는 건 '재래식 화장실에 가면 불편하다'라고 느끼기 때문인데,

이 불편은 화장실로부터 오는 것이 아니고 습관으로부터 오는 것이라고 합니다. 습관은 바꾸기 힘들지만 그렇다고 바꾸지 못할 습관도 없습니다. 습관처럼 화가 스멀스멀 올라올 때 관점을 바꾸어 생각하면 불평불만이 줄어들 수도 있겠지요. 말처럼 쉽지는 않겠지만 말입니다.

3단계 3단계

토론 질문 만들기가 어렵다면?
쓰고! 돌리고!

1~2단계와 달리 3단계에서는 책 속에서 다루고 있는 주요 이슈, 인물 간에 갈등을 야기하는 주요 쟁점, 글 속에서 발견한 문제 상황, 글의 주제, 핵심 키워드, 내가 발견한 가치, 저자의 메시지 등이 무엇인지를 파악하여 내 삶에 적용하고 사회문제와 연결해 보는 질문을 만들어야 하기 때문에 대체적으로 아이들이 어려워합니다. 그래서 보석맵*을 통해 이야기를 나누면서 책의 핵심적인

* 네 명이 한 그룹이 되어 네 가지 항목으로 핵심 내용을 정리하거나 아이디어를 내도록 거미줄 모양(마름모)으로 칸을 만든 맵핑자료입니다. 네 명이 서로 다른 색깔의 펜으로 정리하므로 보석처럼 아름답다고 하여 보석맵이라 이름 붙였습니다.

내용을 글로 간단하게 정리하는 활동을 해보면 좋습니다. 핵심 키워드, 내가 발견한 가치, 저자의 메시지, 주제, 갈등 상황, 내가 발견한 문제점 등 각자 정리하고자 하는 항목을 정하고 모둠원이 함께 핵심 내용을 정리하면 3단계 질문을 만드는 데도 도움이 됩니다.

1~2단계 질문을 비교적 수월하게 만들던 아이들이 3단계 질문에서 벽을 만난 것처럼 어찌할 바를 몰라 하기에 보석맵을 사용해 보기로 합니다.

먼저 무엇을 정리해 보면 좋겠는지 물어보았습니다. 핵심 키워드와 주제를 찾아 볼 시간, 아이들이 두 개의 항목을 정하고 나머지 두 개의 항목은 제가 제시해 주었습니다. 각자 원하는 색깔의 사인펜을 하나씩 고르고 보석맵 제일 안쪽에 정리할 항목과 자신의 이름을 씁니다. 가장 먼저 자신이 쓴 항목에 대해 생각을 정리하고 네 명 모두 활동이 끝나면 보석맵을 90도로 회전합니다. 쓰고 돌리는 방법이지요.

이 활동이 아이들에게 어떤 도움이 되었는지 물어보았습니다. 책 내용에 대해 다시 생각해 볼 수 있는 기회여서 좋았고 친구들의 의견도 함께 비교해 볼 수 있어서 좋았다는 아이도 있습니다. 뭘 적어야 할지 생각이 나지 않아 고민했는데 친구들의 도움으로 내용을 적을 수 있어서 좋았다는 아이, 매번 친구들보다 자기가 늦어서 따라가느라 힘들었다는 아이, 모둠원이 계속 비협조적으로 굴어서 설명하고 재촉하느라 힘들고 짜증났다는 아이도 있었습니다. 한 사람이라도 딴청을 부리거나 내용이 어려워 쓰지 못하면 다른 사람들이 기다려야만 하기 때문에 이 활동은 무엇보다 협력이 가장 중요합니다. 내용을 잘 쓰지 못하는 친구가 있으면 다 함께 도와주어야 자신에게도 이득이 된다는 것을 아이들은 이미 잘 알고 있습니다.

첫 번째 항목: 내가 발견한 가치

- 한결같음: 리디아는 집이 가난해도 늘 웃음을 잃지 않음.
- 열정: 리디아는 항상 무언가를 즐겁고 신나게 함.
- 변화: 옥상을 정원으로 예쁘게 바꾸고 삼촌도 웃게 함.
- 용기: 리디아는 낯선 환경이 두려웠을 텐데도 잘 극복함.

두 번째 항목: 이 글의 주제

- 형편이 안 좋은데도 잘 살아가는 소녀의 이야기.
- 가족끼리 사랑하고 배려하기.
- 힘들어도 행복!
- 가족 간의 사랑과 행복.

세 번째 항목: 핵심 키워드

- 희망: 리디아는 집이 가난해서 외삼촌 댁에 와 있어도 희망을

잃지 않고 밝게 지냄.

- 용기: 얼굴도 모르는 외삼촌 댁에 혼자서 간 것.
- 인내: 아무리 힘든 상황에서도 꿋꿋하게 잘 견딤.
- 유연성: 변화를 두려워하지 않고 잘 적응함.

네 번째 항목: 내가 느낀 문제점

- 아빠가 실직해서 리디아의 형편이 좋아질 때까지 혼자 가족과
  떨어져 지내야 되는 것.
- 리디아는 외삼촌 집에서 씩씩하고 용기 있게 생활하지만 마음
  깊숙한 곳에는 슬픔과 두려움이 있음.
- 외삼촌이 잘 웃지 않고, 외삼촌 가게도 잘되지 않는 것.
- 외삼촌을 웃게 만들려고 하는 점.

3단계 질문,
걷던 쪽으로 한 걸음 더!

아이들은 3단계를 가장 어려워합니다. 처음에는 책 내용과 관련
은 있지만 책의 내용에서 벗어나 내 삶과 사회문제에 적용해 볼
수 있는 질문을 만들어 보라고 하니 못 알아듣겠다는 반응을 보
입니다. 그래서 보석맵에서 찾아보았던 '내가 느낀 문제점' 중 리
디아 아빠의 실직 문제를 예로 들어 설명해 주었습니다. "리디아

가 외삼촌 댁에 가게 된 이유가 뭐였지?"라고 묻자 여기저기서 대답이 나옵니다. "그럼 지금 우리 사회에는 리디아 아빠처럼 오랫동안 일자리를 구하지 못해 형편이 어려운 사람은 없을까?"라고 하자 "아~!"하고 센스 넘치는 반가운 소리가 들립니다. 일단 한 개씩만 먼저 만들어 보자고 했더니 금세 만들어서 제게 어떠냐고 물어봅니다.

아빠가 일자리를 구하지 못하게 되면 어떻게 될까?
만일 내가 취직이 안 된다면 어떻게 할 것인가?
요즘처럼 식장을 구하기 힘든 때에 직장을 구하려면 어떻게 해야 할까?

잘했다고 칭찬해 주었더니 아이들의 미소에 뿌듯함이 묻어납니다. 역시 높고 험한 산일수록 정상에 올랐을 때 바람이 더 시원하게 느껴지는 법이지요. 그런데 실직과 관련된 예를 들어 주니 대부분 이런 방향으로만 질문을 만들어 냅니다. 이래서 아예 예를 들지 않거나 아니면 다양한 예를 들어 줄 필요가 있겠구나 하는 생각이 듭니다. 3단계 질문은 세대 간의 사물이나 현상을 바라보는 관점과 시야의 차이가 클 수 있어서 아이들과 어른들이 만든 질문을 나누어 보았습니다.

아이들과 함께

- 가정형편이 어려울 때 아이를 친척 집에 맡기는 것이 옳은 일인가?
- 힘든 상황에서도 밝게 웃으며 희망차게 살 수 있을까?
- 아빠가 일자리를 구하지 못하게 되면 어떻게 될까?
- 만약 가난한 사람들이 계속 늘어나 친척 집으로 가는 아이들이 많아지면 어떻게 될까?
- 우리가 사는 아파트 옥상에 꽃을 키워도 될까?
- 가난한 사람도 열심히 일하면 잘살 수 있을까?
- 모든 사람들이 가족과 떨어져 산다면 어떻게 될까?
- 모든 아파트나 주택 옥상에 정원이 있다면 미세먼지를 줄이는 데 도움이 될까?
- 요즘 사회에 지혜롭지만 냉정한 사람과 크게 지혜롭진 않아도 따뜻한 사람 중 어느 쪽이 더 필요할까?
- 요즘처럼 직장을 구하기 힘든 때에 직장을 구하려면 어떻게 해야 할까?
- 우리는 어떻게 행복을 찾을 수 있나?
- 만일 내가 취직이 안 된다면 어떻게 할 것인가?
- 만약 집에 문제가 생겨서 내가 친척 집에 가야 한다면 어떻게 할까?
- 식물이 없으면 우리 세계는 어떻게 변할까?
- 꽃이 사람의 관계를 긍정적으로 변화시킬 수 있을까?
- 가정형편이 좋으면 행복할까?

교사, 학부모와 함께

- 가정형편 때문에 아이를 다른 가정에 위탁하는 것이 옳은가?
- 가정형편이나 주변 상황이 좋지 않은 아이들이 긍정적인 마인드를 가질 수 있도록 하기 위해 우리 사회가 할 수 있는 일은?
- 경제적인 문제나 가정의 위기로 버려지거나 방임되는 아이들을 사회에서 보호할 수 있는 방법에는 어떤 것이 있을까?
- 빈곤 가정의 아이 양육 문제를 어떻게 해결할 수 있을까?
- 경제적인 문제로 인해 분리된 가정에서 자란 아이의 불안정한 심리적 상태는 누가 책임질 수 있을까? 사회인가? 가정인가?
- 자신의 틀에 갇혀 감정을 제대로 표현하지 않는 사람을 우리는 어떻게 도와줄 수 있을까?
- 지역공동체를 위해 내가 할 수 있는 일은 무엇인가?
- 돈(경제력)이 행복을 좌우하는가?
- 옥상정원을 꾸민다면 미세먼지를 줄일 수 있는가?
- 잘하거나 좋아하는 일이 있어 관심을 가지고 꾸준하게 노력하는 것이 있다면 무엇인가?
- 우리 주변에 어려운 가정형편 속에서도 웃음을 잃지 않고 희망적이고 긍정적인 삶의 태도를 가진 사람들의 사례가 있다면?

논제, 함께 만들면
어렵지 않아!

학급 전체가 한 주제로 토론을 하기 위해서는 먼저 모둠 논제를 만들어 투표나 거수로 학급 논제를 정해야 합니다. 그러기 위해서는 우선적으로 각자가 3단계 질문을 최소한 한 개라도 만들어야 합니다. 그런데 3단계 질문을 잘 만들게 하기 위해 보석맵 책놀이를 하고, 예를 들어 설명해 주고, 아이들이 만든 질문을 확인해 주다 보니 시간이 부족한 사태가 발생했습니다. 애초 계획은 각 그룹에서 개인이 만든 3단계 질문으로 창문 토의를 거쳐 모둠 논제를 만든 후 그중에서 한 개를 뽑아 전체 토론을 해볼 작정이었는데 말이죠. 그래서 이번에는 아이들이 만든 3단계 질문 중 가장 많이 나온 질문 여섯 개를 제시하고 그중에 한 개를 거수로 뽑아 토론으로 바로 직행하였습니다.

- 가정형편이 어려울 때 아이를 친척 집에 맡기는 것이 맞는가?
- 힘든 상황에서도 밝게 웃으며 희망차게 살 수 있는가?
- 돈이 행복을 결정할 수 있는가?
- 옥상정원을 꾸민다면 미세먼지를 줄일 수 있는가?
- 만약 가장이 일자리를 구하지 못하면 어떻게 될까?
- 꽃이 사람의 관계를 좋게 변화시킬 수 있는가?

5학년은 총 네 개 반인데 각 반마다 서로 다른 토론 주제가 뽑혔습니다. 선정된 주제는 1번, 2번, 4번 그리고 6번입니다.

일대일 토론,
회전식에 프로콘을 더하다

5학년 아이들은 『복제인간 윤봉구』를 뷔페 토론으로 해보았기 때문에 이번에는 다른 방법으로 토론을 해보았습니다. 대화의 점유율을 최대한 높이면서 여러 명과 토론해 볼 수 있도록 회전식 토론에다 마제형으로 된 책상 배치의 이점을 활용하여 자리를 옮겼을 때 자신의 위치가 'U'의 안쪽이면 찬성 입장에서 주장하고 바깥쪽이면 반대의 입장에서 주장을 펼쳐 보게 하였습니다. 즉 일대일 회전식 토론과 의도적으로 찬반의 입장을 바꿔 보는 프로콘 토론을 혼합하여 토론을 진행해 보았습니다.

회전식 토론은 제한된 시간 동안 자신과 마주 보는 사람하고만 일대일로 토론하고 시간이 다 되면 자리를 옆으로 한 칸씩 이동하는 방식으로 진행됩니다. 그래서 토론 전에 U 자 모양을 따라 책상을 서로 마주 보게 붙이고 이동하는 옆자리와는 약간의 간격을 두어 띄웁니다. 그래야 자기 앞에 있는 토론자에게 집중할 수 있기 때문입니다.

U 자 모양에서 전체를 여덟 명씩 세 그룹으로 나누었습니다.

1회당 타이머도 2분으로 맞춥니다. 찬반 입장이 바뀌는 프로콘 토론 덕분에 한 그룹에서 한 사람이 토론해 볼 수 있는 횟수는 모두 8회입니다. 짝을 바꿔 가며 움직이다 보면 이미 토론했던 짝을 다시 만나게 되는데 전혀 문제될 것이 없습니다. 처음 만나 토론을 했을 때와 찬반 입장이 바뀌어 있으니까요.

토론 후 친구들의 의견과 자신의 것을 비교해 보고 자신의 의견을 주장하는 글쓰기를 하려면, 자신의 주장도 열심히 전달해야 하지만 친구들이 어떤 이유와 근거로 자신의 주장을 펴는지를 경청하는 것도 매우 중요하다고 했더니 짝이 바뀔 때마다 제한 시간 2분에 올인합니다.

토론을 하면서 어떤 느낌이 들었는지 들어 보았습니다.

회전식 토론을 해보니 이때까지 한 번도 자기 생각을 알려 주지 않은 친구와 해서 서로 알게 된 점이 많아졌고, 찬반 입장을 바꾸니 주어진 조건에서 내가 생각하는 게 아니더라도 의견을 만드니 찬반 입장이 다 이해가 되었다.

이 토론은 내가 정말 좋아하는 토론이다. 왜냐하면 다른 모둠과 함께 더 많은 친구들과 이야기할 수도 있고, 찬성과 반대 둘 다 이야기할 수 있어서 좋아한다.

회전식 토론으로 입장을 바꿔 토론해 보니 다른 입장도 생각해 볼 수 있어서 마음이 흔들리기도 하였다.

말을 잘하는 친구와 만나서 재미도 있었지만, 말을 안 해서 매우 답답하고 짜증이 나게 만드는 친구도 있었다.

회전식 토론이 내 주장과 근거를 입장을 바꿔서 말해야 해서 어려웠지만 여러 친구들과 함께하니까 재미있었다.

뷔페 토론과는 다르게 계속 한 칸씩 이동하면서 토론해 보니 또 다른 재미가 느껴졌다. 찬성 입장에서 생각해 보고 반대 입장에서도 생각해 보니까 좀 더 생각을 많이 할 수 있는 점이 좋았다.

토론 후 글쓰기

논제 글쓰기

한 반을 크게 세 그룹으로 나누어 그룹 내에서 프로콘 토론을 가미한 일대일 회전식 토론을 하면 다시 원래의 자기 자리로 돌아오게 됩니다. 이번에는 토론한 주제로 글을 쓸 차례입니다. 토론 없이 특정 주제를 주고 주장하는 글을 써 보라고 하면 아이들은 물론이고 성인들도 힘들어할 것입니다. 하지만 토론이라는 과정을 거치면 자신과 같은 주장을 하는 사람의 이유와 근거도 들어 보고 다른 주장을 하는 사람의 이유와 근거도 들어 보면서 여러 사람의 생각을 비교하고 분석하여 종합적으로 판단하게 됩니다.

나의 의견을 글로 표현하니까 알맞은 근거도 좀 더 찾게 되고, 다른 친구들의 근거도 합쳐서 써 보니까 좀 더 설득력 있는 글이 되는 것 같아 뿌듯했다.

논제 글쓰기를 한 후 들어 본 한 학생의 소감 내용 일부입니다. 토론을 하며 새로 알게 된 여러 가지 내용들은 기억에 저장되었다가 필요에 따라 재생되는데 이것을 파지(把持)라고 합니다. 토론 후 글쓰기를 할 때 이처럼 자신이 생각했던 근거에 다른 사람들이 말해 준 근거를 보태어 쓰는 파지효과가 나타나 글이 논리적으로 더 탄탄해집니다. 주장에 따른 이유와 근거를 어떻게 써야 하는지 파지효과를 덧붙여 가며 간단하게 설명해 주고 짧은 논제 글쓰기를 해보았습니다.

논제1: 힘든 상황에서도 밝게 웃으며 희망차게 살 수 있는가?

✏ 저는 힘든 상황에서도 밝게 웃으며 희망차게 살 수 있다고 생각합니다. 사람들은 힘든 상황을 어떤 관점에서 보느냐에 따라서

의견이 분분할 것 같습니다. 먼저 일단 한번 밝게 웃어 보면 됩니다. 왜냐하면 항상 무기력하고 슬픈 표정을 짓고 살아간다고 힘든 상황이 나아지진 않습니다. 그리고 슬프게 있으면 있을수록 계속 힘든 게 생각나고 스트레스를 받을 수도 있기 때문입니다. 오히려 자꾸 긍정적으로 생각하고 밝게 웃으면 슬픈 걸 잊어서 상황이 나아질 수도 있습니다. 둘째, 힘든 상황에서 받는 스트레스를 잘 풀어야 합니다. 다들 자기만의 스트레스 푸는 법이 있을 겁니다. 하지만 그렇지 못하다면 제가 알려드릴게요. 이 이야기는 어머니께서 TV를 보고 저에게 해주신 말씀인데요, 행복한 사람 주변에 있으면 같이 행복해진다고 합니다. 행복한 사람이 내 친구면 내 행복지수가 100%, 친구의 친구면 90%, 친구의 친구의 친구면 60%라고 합니다. 슬플 때에는 행복한 에너지를 받을 수 있는 친구와 같이 활동하면 좋을 것 같습니다. 셋째, 그 상황을 언젠간 이겨 낼 것이라고 다짐합니다. 힘든 상황에 있는 것은 자신과의 싸움입니다. 제가 "힘든 상황을 이길 것이다!"라고 마음을 먹으면 정말로 이길 수 있고 "나는 못 할 것 같아. 그냥 상황이 나아질 때까지 기다릴래"라고 마음을 먹으면 안 됩니다. 저는 그냥 힘든 상황에 밝게 웃고 희망차게 살아가는 것은 자신의 의지에 달려 있다고 생각합니다. 그러니 아무리 힘든 상황에 있더라도 영원하지 않을 것이니 같이 이겨 냅시다!

✏️ 나는 힘든 상황에서도 밝게 웃으며 희망차게 살 수 없을 것 같다. 그렇게 생각하는 첫 번째 이유는 내가 힘든 상황이 왔는데 밝게 웃는다는 것은 억지로 웃는다는 것과 다름없다. 힘든 상황이 와도 신경 쓰지 않고 무시하는 사람도 있는데 나는 그렇게 못할 것 같다. 힘든 상황이 얼마나 힘드냐에 따라 내 생각도 달라질 것 같다. 두 번째 이유로는 내가 힘든데 그게 "밝게 웃는다"라는 것에 묻히면 계속 힘든 상황이 올 것 같다. 내가 얼마나 힘든지에 따라서 쉽게 잊어질 수도 있고 안 잊어질 수도 있다. 나는 쉽게 상처받는 성격이라서 아무리 밝게 웃는다고 해도 안 잊어질 것 같다. 세 번째 이유로는 내가 외면에서는 밝게 웃지만 내면에서는 상처받고 힘들다면 계속 웃는다고 해서 상황이 좋아지지 않는다. 외면에서 웃고 있어도 내면에서는 힘들고 더 상황이 악화될 것 같아서 힘든 상황에서도 밝게 웃으며 희망차게 살 수 없다는 주장을 했다.

논제2: 가정형편이 어려울 때 아이를 친척 집에 맡기는 것이 옳은 일인가?

✏️ 나는 가정형편이 어려울 때 아이를 친척 집에 맡기는 것은 별로 좋지 않다고 생각된다. 첫째, 아무리 가정형편이 어렵다고 해도 그 아이를 키울 책임이 있는데 힘들다고 갑자기 친척 집에 맡기는 것은 그 친척에게 실례인 것 같다. 둘째, 맡겨진 아이가 말을 안 듣고 말썽을 부리거나, 가족과 떨어져 있어 항상 우울해하면

친척도 힘들고 그 아이도 힘들 것 같다. 셋째, 친척 집에 맡겨 놔도 계속 일자리를 구하지 못하면 아이는 집으로 돌아갈 수 없을지도 모른다. 그래서 나는 가정형편이 어렵다고 아이를 친척 집에 맡기는 것은 좋지 않다고 생각한다.

🖊 나는 가정형편이 어려울 때 아이를 친척 집에 맡기는 것이 옳다고 생각한다. 그 이유는 첫째로 자신이 매우 가난해 밥을 삼시 세끼 다 먹을 수 있는 상황조차 안 되는데 자신의 아이가 배가 고파 헐떡이면 부모는 그것에 대해 더욱 안쓰러워할 것이다. 둘째로 친척에게 미안해서 아는 사람에게 맡긴다고 해도 그 사람이 잘 돌보아 줄 수 있을까? 만약 잘 돌보아 준다고 쳐도 나의 자식보단 그 사람의 아이에게 더 눈이 갈 것이다. 셋째, 아이가 혼자 집에서 배가 고프거나 아프더라도 자신은 할 수 있는 것이 없을 것이다. 그러다 아이가 심하게 아프기 시작하면 부모는 그것보다 더 가슴 아픈 것이 없을 것이다. 넷째, 친척들은 피 섞인 아이기 때문에 더욱 잘 대하여 줄 것이다. 아무리 친한 사이더라도 피하나 섞인 아이가 아니면 눈엣가시가 될 수도 있다. 자신의 아이가 힘든 하루가 이어지는 것보다 힘든 것이 뭐가 있을까? 난 이러한 이유 때문에 맡기는 게 옳다고 생각한다.

논제3: 꽃은 사람의 관계를 긍정적으로 변화시킬 수 있는가?

✏️ 꽃은 사람의 관계를 긍정적으로 변화시킬 수 있을 것 같다고 생각한다. 왜냐하면 첫째, 꽃의 향기가 사람들의 마음을 안정시킬 수 있을 것 같기 때문이다. 둘째, 꽃을 좋아하지 않는 사람이 있어도 사람들의 마음에는 관계가 멀어졌을 때 사과하고 싶은 마음은 있어서 꽃을 선물하면 친구가 감동을 받아 마음이 풀릴 수 있을 것 같기 때문이다. 이 이야기는 엄마가 외할머니께 듣고 나에게 이야기해 주신 것이다. "꽃은 사람의 마음을 안정시킬 수 있어서 사과할 때나 다른 일이 있을 땐 꽃을 선물해 주는 것이 좋다"라고 말씀해 주셨다. 그래서 나도 한번 엄마와 싸웠을 때나 언니랑 나랑 싸웠을 때 꽃집에 가서 엄마가 꼭 비싼 꽃은 아니더라도 정성의 마음이 들어가 있으면 괜찮다고 하셔서 약 5천 원 되는 꽃을 사서 편지를 써서 언니한테 주어 화해를 하게 됐다. 그래서 꽃은 사람의 관계를 긍정적으로 변화시킬 수 있을 거라고 생각한다.

✏️ 꽃은 사람의 관계를 긍정적으로 변화시킬 수 없다고 생각합니다. 첫째, 꽃은 좋은 냄새가 나고 대부분 다 꽃을 좋아해서 마음을 안정시킬 수 있지만 꽃을 안 좋아하거나 꽃의 냄새가 좋지 않다고 생각하는 사람은 오히려 마음이 안정이 안 되고 스트레스가 더 쌓일 수 있기 때문입니다. 둘째, 사람과 싸웠다면 화해를 해야 풀리기 때문에 꽃을 보거나 꽃을 선물하거나 꽃의 향기를 맡는다

고 해도 긍정적으로 변화시킬 수 없다고 생각합니다. 셋째, 꽃이 마음을 안정시킬 수 있겠지만 반대로 안정시킬 수 없을 수도 있습니다. 스트레스가 더 쌓인다면 사람과 싸워서 기분이 나쁜데 스트레스까지 쌓이면 폭발해서 그 사람과 더 이상은 화해를 못 할 수 있기 때문에 꽃은 사람의 관계를 긍정적으로 변화시킬 수 없다고 생각합니다.

논제4: 옥상정원을 꾸민다면 미세먼지를 줄일 수 있는가?

🖊 나는 옥상정원을 꾸민다면 미세먼지를 줄일 수 있다고 생각한다. 왜냐하면 첫째, 나무는 공기를 깨끗하게 해주기 때문이다. 어떤 책에서는 나무는 나쁜 공기를 들이마셔 주고 좋은 공기로 만들어 다시 내뿜어 준다고 해서이다. 둘째로 꽃에서 나오는 꽃가루가 미세먼지를 막아 주기 때문이다. 꽃에서 바람에 의해 꽃가루가 날리면 꽃가루가 미세먼지와 엉켜서 미세먼지를 막아 줘서이다. 셋째, 꽃향기가 미세먼지를 막아 줄 수 있기 때문이다. 꽃향기가 공기 중에 떠다니며 미세먼지를 막아 주고 꽃향기를 나게 해주어서이다. 그러므로 난 찬성한다.

🖊 난 옥상정원을 꾸민다면 미세먼지를 줄일 수 없다고 생각한다. 왜냐하면 꽃을 가꾸면 꽃가루가 날리고 미세먼지가 많은 날이면 꽃가루와 미세먼지가 합해져서 미세먼지가 더 많아진다고

생각한다. 둘째로 꽃은 보기에만 예쁘고 겉에 먼지가 많을 수도 있기 때문에 미세먼지가 없어지지 않는다고 생각한다. 마지막 이 유로는 꽃에 안 좋은 성분이나 꽃가루 알레르기 등 몸에 안 좋은 사람들은 아예 정원에 들어가지도 못하기 때문에 미세먼지가 없어지지 않는다고 생각한다.

다음은 온책읽기 컨설팅을 의뢰해 온 초등학교 선생님들과 『리디아의 정원』으로 이야기식 독서토론을 진행한 사례 중 하나입니다. 보통 컨설팅이나 연수를 진행하게 되면 한 시간 또는 한 시간 반 정도 시간이 주어집니다. 책을 함께 읽고, 이야기식 독서토론을 하기에는 턱없이 부족한 시간이지만 선생님들은 제 요청대로 몰입해서 단계별로 질문을 만들고, 대화하고, 창문 토의로 그룹 논제를 만들어 전체 논제를 정하고, 그 논제로 함께 토론하고 마지막으로 간단하게 글까지 써 냅니다. 시간이 여의치 않아 토론한 내용을 중심으로 2~3분 정도의 짧은 시간에 빠르게 쓴 글이라는 점을 참조해서 읽어 주세요.

논제5: 경제력이 행복을 좌우할 수 있는가?

✏️ 경제력이 행복을 이루는 데 도움이 된다고 생각한다. 자본주의 사회에서 무엇을 선택하고 행하는 데 기본적으로 돈이 필요하다. 또 어떤 선택을 하느냐에 따라 돈 쓰임의 크기가 달라진다. 경

제력이 있다는 것은 돈의 많고 적음에서 야기되는 선택이 주는 갈등에서 내 의지대로 하고 싶은 것을 결정할 수 있도록 보다 폭넓은 선택의 자유를 준다는 것을 말한다. 무엇을 선택할 수 있다는 것은 곧 기회를 가진다는 것을 뜻한다. 즉 경제력이 클수록 선택의 폭과 기회가 많아지고 그런 기회를 누릴 수 있다는 것이 곧 행복이지 않을까 생각한다.

✎ 경제력에 따라 행복이 달라질 수 있다고 생각한다. 내가 생각하는 행복은 여러 가지가 있다. 맛있는 음식을 먹을 때, 따뜻한 욕조에서 씻을 때, 안락한 침대에서 잠을 잘 때, 내가 좋아하는 음악이나 운동에 몰입할 때, 무엇인가 성취했을 때 등이 있다. 내가 생각하는 어떠한 행복에도 경제력은 어느 정도 뒷받침되어야 한다. 그것을 행하고 즐기기 위해서는 기본적으로 돈이 필요하기 때문이다. 돈이 많다고 무조건 행복하지는 않겠지만 경제력은 행복하기 위한 조건 중의 한 가지라고 생각한다.

✎ 행복은 경제력에 따라 정해진다고 생각한다. 사람들은 일반적으로 바라던 욕구가 채워질 때 행복을 느낄 수 있는데, 요즘 우리 사회는 대부분 돈이 있어야 그 욕구를 해결할 수 있다. 무언가 특별한 음식을 먹고 싶거나, 내 삶의 폭을 더 넓히기 위해 무언가를 배우고 싶거나, 인생을 즐기고 싶을 때, 원하는 것들을 하고 싶

을 때 경제력이 뒷받침되지 않는다면 이루어질 수 있는 것은 한 정적일 수밖에 없다. 어느 정도의 경제력이 있어야 사람은 행복을 느낄 수 있다.

한 문장 글쓰기

초등학교 선생님들과 『리디아의 정원』으로 이야기식 독서토론을 진행하며 한 줄 글쓰기를 해본 내용입니다.

어려운 환경에서도 자신이 좋아하는 것을 하고 꿈을 포기하지 않고 노력하는 리디아를 보면서 편안하고 안락한 환경에서도 내가 좋아하는 것이 무엇인지도 깊이 있게 고민하지 않고 현실에 안주하는 나를 반성하게 된다.

외삼촌을 행복하게 해드리기 위해 정원을 예쁘게 가꾸는 리디아의 모습이 무척 감동적이었는데 그런 리디아의 모습에서 나는 과연 누군가를 위해 노력했던 적이 있었는가를 떠올려 보게 되었고 지금부터라도 아이들의 행복을 위해 노력하는 선생님이 되어야겠다는 생각이 들었다.

리디아가 외삼촌의 표정에 계속 관심을 가지는 모습을 보면서 마음이 짠하기도 하였는데, 마지막 헤어지는 장면에서 리디아를 꼭 안아 주는 외삼촌의 모습을 보면서 리디아에게서 배운 아름다움을 나도 현실에서 실천하고 싶다.

어렸을 때 나의 경험과 비슷해서 리디아가 애처롭고 대견하다는 생각이 들었고, 슬프고 힘든 상황임에도 불구하고 자신이 잘할 수 있는 일을 찾아서 열심히 하는 리디아의 모습을 보며 지금 힘들어하는 아이들과 함께 이 책을 보면서 이야기를 나누고 싶다.

그림이 갈수록 밝아지고 있는 느낌이 들었는데 아마도 그건 '희망'을 의미하는 것 아닐까 하는 생각이 들었고, 리디아처럼 누군가에게 행복을 줄 수 있는 사람인가 나 자신을 돌아보게 되었다.

가치 글쓰기

우리 마음속에는 여러 가치들이 존재합니다. 감사, 인내, 나눔, 용기, 신용, 너그러움 등 자신 안에 숨어 있는 여러 가치 등을 발견하고 자신에게 필요한 미덕을 찾아 성장시켜 나가는 일은 자신의 내면을 더욱 성숙하게 만듭니다.

『리디아의 정원』에 등장하는 여러 인물들이 추구하는 가치나 저자가 전달하려는 가치, 책 속에서 내가 발견한 가치 등을 중심으로 아이들에게 글을 써 보게 하였습니다.

가치를 찾을 때 버츄카드나 씨앗-프리즘 가치카드 등 참고할
만한 자료를 보면 도움이 된다는 건 이제 다들 잘 아시죠? 이번에
는 버츄카드를 한 모둠에 한 세트씩 나누어 주고 두 장을 골라 보
게 하였습니다. 제시된 자료의 범주 안에 자신이 찾는 가치가 없
을 경우에는 자료에 구애받지 말고 자신이 원하는 가치를 선정하
도록 하였습니다.

열정 / 상냥함

상냥함이란 말과 행동이 공손하고 친절한 것이라고 생각한다. 리
디아는 이런 이야기를 하였다. '엠마 아줌마는 제가 비밀 장소를
꾸미는 것을 도와주고 계셔요', '엠마 아줌마께서 제가 알고 있는
꽃의 이름을 라틴어로 가르쳐 주면 빵 반죽을 어떻게 하는지 알
려 주겠다고요'라고 말이다. 엠마 아줌마는 참 친절하고 배려심이
있어 보인다.

리디아는 웃지 않으시는 삼촌을 위해, 아니 어쩌면 자신을 위해
힘들더라도 열정을 다해서 정원을 꾸몄다. 나도 예전에 집에서
비밀 공간을 만들기 위해 이불을 걸치고, 집을 뒤지고, 온갖 해작
질을 하였지만 결국은 부모님께 혼만 나고 실패하고 말았다. 하
지만 리디아는 비밀 정원을 만들어 가꾸는 모습이 정말 대단해
보였다. 하여튼 이 책은 참 여러 생각을 하게 하는 책인 것 같다.

인내 / 한결같음

나는 가치카드 중 한결같음과 인내를 뽑았다. 리디아가 기차에서 '졸음이 온다'라는 이야기를 할 때 뭔가 인내하고 있는 것 같았다. 또 리디아는 할머니께 편지를 쓸 때 한결같이 '꽃을 잘 키우고 있다'라는 이야기를 하고 또 짐 외삼촌을 웃기려고 한결같이 노력하는 모습이 나와 비슷했다. 나는 보통 꼭 하고 싶은 게 있으면 엄마에게 여쭤보고 엄마가 "안 돼"라고 하시면 인내심을 가지고 '다음에는 사 주시겠지'라고 생각한다. 그렇게 인내하고 얼마 후 까먹지만 그때만큼은 초인내를 발휘해서 엄마에게 조르고 싶은 마음을 억누른다. 그러고 나면 나중에 엄마가 그 일을 하게 해준다. 리디아가 '저는 짐 외삼촌께 아주 긴 시를 지어 드렸어요'라고 말할 때 어떻게 저렇게 서먹한 외삼촌께 시를 지어 드릴까를 생각한 걸까. 나는 서먹한 사이라면 시는 물론이고 말도 제대로 하지 못하기 때문에 상상할 수가 없었다. 그리고 짐 외삼촌이 함빡 웃을 만한 계획을 짜고 있다고 할 때도 서먹한 사이를 없애고 잘 웃지 않는 외삼촌을 웃겨 드리려고 옥상에 꽃을 심을 생각을 했을까. 나는 원예도 못하고 또 외삼촌을 웃겨 보지를 못해서 저렇게 웃기려고 노력하는 모습이 감동적이었다. 나도 저런 리디아를 본받고 싶다. 외삼촌이 케이크를 주셨을 때 리디아는 무척이나 뿌듯하고 행복했을 것 같다. 이렇게 인내를 잘하고 늘 한결같은 리디아의 모습을 나도 본받아서 내 외삼촌을 꼭 웃기고 싶다.

겸손 / 평온함

리디아가 짐 외삼촌께 쓴 편지글에서 '아빠가 오랫동안 일자리를 구하지 못했고 이제는 아무도 엄마에게 옷을 지어 달라고 하지 않아서 우리 모두 울었어요'라는 말에 울컥했다. 아직 어린 리디아가 자기 혼자서 얼마나 힘들고 아파했을지 생각하면 가슴이 아프다. 만약 내가 리디아가 되었을 때 외삼촌 집에서 당분간 살아야 한다면 어떤 반응을 했을까? 외삼촌 집에 와서도 짜증을 내지 않고 화도 내지 않는 모습에서 리디아가 겸손하고 예의가 바르다는 것을 알게 되었다. 리디아가 외삼촌을 위해서 정원을 꾸미는 걸 보고 리디아의 마음을 더 깊게 알아보게 되었다.

이 책은 내 마음을 진정시키고 안정되게 해준다. 리디아랑 나는 꽃을 가꾸는 걸 좋아하는 점에서 공통점이 있다. 차이점이 있다면 리디아는 조용하고 나는 시끌벅적하다. 내가 엄마 친구를 만났을 때 "안녕하세요!"라고 인사를 했더니 엄마가 갑자기 나보고 착한 척을 하지 말라고 하셔서 그 순간 배꼽 빠지게 웃었다. 이 책을 읽은 계기로 앞으로 상대의 마음을 더 헤아려야겠다. 리디아가 짐 외삼촌 집에서 떠난 뒷이야기가 너무 궁금하다.

기쁨함 / 편안함

리디아 그레이스는 아빠가 일자리를 잃어서 가족과 떨어졌지만 결국 다시 만나게 돼서 기뻐했다. 나도 일주일 동안 축구 전지훈

련을 갔었는데 가족과 떨어지니 마음이 조금 섭섭했다. 리디아는 가족과 떨어져 지냈지만 짐 외삼촌이 벗이 되어 주어서 편안한 느낌을 받았을 것이다. 나는 다음 달에도 축구대회가 있다. 가족과 다시 떨어져야 하지만 내게도 형, 친구들, 센터장님, 코치님이 내 벗이 되어 주어 편안할 것이다.

용기 / 기뻐함

나는 용기 있는 아이다. 리디아가 가족과 떨어졌음에도 외삼촌과 잘 지낸 것처럼 나도 할머니, 할아버지 집에 있을 때 잘 지낸 것을 보면 리디아와 비슷한 것 같다. 하지만 난 슬프고 화나는 일이 있으면 못 참는데 리디아는 안 좋은 일이 있어도 항상 기쁘게 사는 점이 나와 다르다. 책에 나온 인물과 키워드를 통해 공통점과 차이점을 비교해 보고 적을 수 있다는 게 매우 신기하고 즐거웠다.

토론이 쉬워지는
- **4개의 키워드** 💬

- **책 활용법** 📝

키워드#1 질문 (?)
창조와 커뮤니케이션을 돕는 전두엽 자극법

흔히들 질문은 생각을 자극하고 끄집어내는 훌륭한 도구라고 말합니다. 누군가의 생각을 알고 싶으면 그 사람의 질문을 보라는 말이 있습니다. 질문은 그 사람의 생각을 들여다볼 수 있는 거울과도 같습니다. 어떤 사람의 생각의 폭이나 깊이, 관점, 가치관, 삶의 방향성 등은 질문으로 드러난다는 말이겠지요. 즉 생각이 바로 질문이고 질문이 곧 생각이라고 할 수 있습니다.

그런데 질문을 하면 왜 생각을 하게 되는 것일까요? 일본 히타치연구소에서는 뇌 기능이 활성화되는 과정을 연구하기 위해 두 뇌 속의 혈류 변화를 바탕으로 뇌 활동을 측정하는 장치를 개발했다고 하죠. 인체에 나쁜 영향을 미치지 않는 근적외선을 이용하여 뇌의 움직임을 실시간으로 볼 수 있는 광 토포그래피(Optical Topography)라는 장치인데요. 이것으로 뇌의 움직임을 살펴본 결과, 질문을 하면 전두엽의 전두전야 부위가 활성화된다고 합니다.

전두전야는 대뇌 신피질의 전두엽에 있는 영역으로 대뇌에서도 가장 민감하며, 뇌의 CEO에 해당하는 중요한 부위입니다. 전두엽의 대부분을 차지하는 전두전야는 영장류 중 유일하게 인간에게만 발달한 부위이기도 한데요. 이 부위는 새로운 것을 생각해 내고 창조하는 기능, 다른 사람들과의 커뮤니케이션, 계획수립 능력, 학습과 기억력 등을 담당할 뿐만 아니라 기분이 좋거나 나쁨, 슬픔, 분노 등의 감정을 조절하고, 자기 억제와 자기 성찰 같은 중요한 기능이 이루어지는 곳이기도 합니다. 대개 나이가 들면 뇌의 다른 부위는 6% 정도 위축되지만, 전두전야 부위는 관리를 잘못하면 30% 정도나 위축된다고 하니 이 부위를 잘 관리하고 활성화시키려는 노력은 누구에게나 대단히 중요해 보입니다.

최근에는 뇌 과학의 발달로 인해 전두엽의 기능에 대해 많이 밝혀지고 있으며 이에 따라 그 중요성이 더욱더 강조되고 있습니다. 주의 집중 능력의 핵심 영역인 전두엽은 지나친 자극의 게임이나 스마트폰, 다양한 자극의 TV 시청 등에 장시간 노출되면 정보처리를 하느라 오히려 주의력 결핍을 가져올 가능성이 높다고 알려져 있습니다. 하지만 심리학자이자 독서 전문가인 『독서, 심리학을 만나다』의 저자 남상철은 그런 행위 자체만으로는 대뇌 신경 세포를 손상시킨다고 보기는 어렵다는 견해를 내놓았습니다. 그는 그러한 기기를 건강하게 활용하는 대신 상처받은 고통스러운 감정을 차단하기 위한 수단으로 활용할 때 신경세포가 손상되기 쉽다고 말합니다. 좋지 않은 감정이 생긴다면 그런 감정을 마음에 담아 두거나 일부러 외면하기보다는 제때에 풀어 마음의 균형을 회복하는 것이 뇌 건강에도 좋음을 시사하는 것일 테지요.

뇌 과학자들은 전두엽을 발달시키기 위한 여러 가지 방법들을 제안하고 있습니다. 전두엽은 특히 새로운 과제를 수행할 때 많이 활성화되는데, 많은 전문가들은 그중에서도 특히 독서활동과 질문을 꼽고 있습니다. 이것이야말로 사색할 수 있는 인간에게만 주어진 특권이라 할 수 있겠지요. 문제를 해결하기 위해 책을 읽고, 호기심을 가지고 질문하며, 끊임없이 생각하는 행위는 전두전야를 자극하는 최고의 방법이 아닐까요? 📎

"나침반의 바늘은 왜 한쪽만 계속 가리킬까? 왜 시계바늘처럼 계속 돌아가지 않지?"

남들보다 조금 느렸던 아인슈타인은 다섯 살 때 아버지가 보여 준 나침반에 크게 호기심을 보였습니다. 그의 엉뚱한 질문에 아버지는 나침반의 원리를 자세하게 설명해 주었지요. 아마도 아버지의 이런 교육 방식이 아인슈타인으로 하여금 새로운 호기심을 계속 불러일으키게 하지 않았을까요?

아인슈타인은 어느 인터뷰에서 "나는 특별한 재능이 있는 것이 아니고, 단지 굉장히 호기심이 많을 뿐이다"라고 말한 적이 있습니다. 즉 호기심은 지적탐구의 시작, 두뇌가 관심을 가지고 적극적인 움직임을 보이는 출발점인 것입니다.

대개의 경우 궁금하면 그것에 대해 호기심을 가지게 됩니다. 호기심은 인지발달의 핵심적인 요인으로 잘 알려져 있지요. 그렇다면 호기심은 선천적으로 타고나는 재능일까요? 개인의 탁월한 능력일까요? 아니면 능력이나 재능과 구분되는 성격적인 특성일까요? 긍정심리학의 창시자인 마틴 셀리그만은 행복을 과학적으로 탐구하여 성격적 강점과 덕성에 관한 VIA(Values in Action)분류체계를 개발하였는데, 이것은 지혜, 자애, 용기, 절제, 정의 그리고 초월의 여섯 개 핵심 덕목으로 구성되어 있습니다. 그중 호기심은 지혜와 지식과 관련된 인지적 강점들 중의 하나로서 일반적으로 누구나 갖고 태어나는 성격적인 특성이며, 다양한 주제나 화제에 대하여 새로운 지식과 경험을 얻고자 하는 바람이나 욕구가 탐색적인 행동으로 이어지게 하는 심리적인 경향을 말합니다.

이러한 경향성은 새로운 호기심을 유발하는 연쇄적 반응을 일으키게 되지요. 일반적으로 호기심이 작동하면 그것과 연결된 대상에게 새로운 호기심을 가지게 되고 그것은 자연스럽게 질문으로 이어져 선순환이 일어나게 됩니다. 즉 호기심 어린 질문은 그 자체가 촉매가 되어 또 다른 호기심을 낳는 연속적인 반응을 불러일으키므로 호기심은 질문과 함께할 때 그 힘이 훨씬 더 커집니다. 사람은 감각기관을 통해 들어온 외부세계의 정보에 대해 관심을 갖게 되고, 새롭거나 모르는 것이 있으면 정도의 차이는 있겠지만 으레 호기심이 발동합니다. 호기심이 발동하면 '저건 뭐지?', '이렇게 되어 있는 이유가 뭘까?', '어떻게 하면 ~할 수 있을까?' 등의 궁금증이 생기게 되고 그것을 해결해 나가는 과정에서 자기 효능감과 유능감과 같은 긍정적인 정서를 경험하게 됩니다. 이렇듯 호기심은 사고를 확장시키는 강력한 촉매이며 질문의 근간이 되는 것으로, 호기심이 바탕이 된 질문에는 새로운 것에 대한 적극적인 관심이 내포되어 있음을 알 수 있습니다.

호기심은 일상생활 속에서 연마하여 얼마든지 키울 수 있는 개인의 강점입니다. 호기심은 평소 자신이 즐겨 먹지 않거나 익숙하지 않은 음식을 먹어 볼 때, 지금까지 가 보지 않았던 지역이나 장소를 방문하여 그곳의 지리나 역사, 문화에 대해 배우는 등 생소하고 새로운 경험을 자주 할 때, 자신이 잘 알지 못하는 주제에 대하여 책을 보거나 배우는 기회를 가질 때, 그리고 흥미로운 질문 등을 통해서도 얼마든지 키워 나갈 수 있습니다. 🖋

키워드#3 대화 💬
행복한 삶으로 이끄는 화법의 비밀

대화를 잘하려면 무엇이 필요할까요? 터놓고 말하는 데에도 기술과 전략이 필요할까요? 종종 갈등이 생겼을 때 시시비비를 가리려고 하면 언쟁이 생겨 오히려 골이 더 깊어지는 경우가 많지요. 상대를 설득하려고 애를 쓰면 쓸수록 해결의 접점은 보이지 않고 언성만 더 높아질 때가 더러 있습니다. 도대체 왜 그런 걸까요?

상대방과 원만한 대화를 이끌어 가기 위해서는 먼저 뇌 과학에 대한 이해가 필요합니다. 미국의 뇌 과학자 폴 맥린은 인간의 뇌는 진화학적 관점에서 파충류 뇌, 포유류 뇌, 그리고 영장류의 뇌로 중첩되어 진화했다고 합니다. 파충류의 뇌는 가장 오래된 뇌로 뇌의 가장 안쪽에 있습니다. 주로 생존과 관련 있는 호흡, 심장박동, 수면 등을 담당하기에 생명의 뇌라고도 불리며 언어를 처리하는 능력이 없고 무의식적인 반응을 관장합니다. 이 부분은 우리의 노력으로 계발할 수 있는 영역이 아닙니다. 그다음으로 진화한 포유류 뇌는 중간층을 차지하며 기쁨, 슬픔, 분노, 즐거움, 사랑 등의 감정을 주관합니다. 감정을 유발하는 호르몬과 신경전달물질이 이곳에서 작용하기 때문에 감정의 뇌라고도 합니다. 마지막으로 뇌에서 가장 최근에 진화한 영장류의 뇌는 대뇌 신피질로 가장 바깥쪽에 있으며 고차원적인 사고와 합리적인 판단, 논리적 추론, 분석 등을 담당합니다. 이 세 개의 층은 모두 연결되어 있지만 별개처럼 기능을 하지요.『뱀의 뇌에게 말을 걸지 마라』의 저자 마크 고울스톤은 우리가 스트레스를 받게 되면 파충류 뇌와 포유류 뇌가 주도권을 잡게 되어 생각하는 영장류의 뇌는 힘을 잃게 된다고 합니다. 다시 말해 뇌의 CEO라 할 수 있는 전전두엽이 통제권을 상실하게 되어, 우리의 뇌가 원시적인 기능에 내맡겨진다는 것이지요. 그는 이런 상황에서 만약 성공적인 대화를 원한다면 반드시 상대의 '파충류의 뇌'에서 '포유류의 뇌', 마지막으로 '영장류의 뇌'로 거슬러 올라가면서 말을 걸어야 함을 강조하고 있습니다.『질문지능』의 저자인 아이작 유는 상대방을 설득할 때 가장 중요한 것은 바로 상대방의 대뇌 신피질이 아닌 파충류 뇌에 호소하는 것이라고 언급하고 있는데요. 우리가 말을 하고 있는 동안 말을 듣는 상대방은 그 말을 대뇌 신피질을 통해서 받아들이지 않고 파충류 뇌를 통해 대뇌 신피질로 보낼 것인지 아니면 차단시킬지를 판단하고 걸러 낸다고 합니다. 뇌의 이런 측면을 생각해 본다면 우리는 먼저 '무엇'을 말할까만 생각하지 말고, '어떻게' 말할까를 좀 더 고민하여 상대방의 마음을 얻는 대화를 하는 것이 중요하지 않을까요?

행복한 삶을 위한 화법을 탐구한『삶과 화법』의 저자 이창덕은 대화에서 말하는 내용 못지않게 말하는 방식인 메타메시지의 중요성에 대해 이야기하고 있습니다. 메타메시지란 실제 대화의 내용이나 대화 시기, 장소뿐만 아니라 분위기나 말하는 사람의 상대방에 대한 태도까지 포함해서 대화할 때 상대방에게 포괄적으로 전해지는 메시지를 말합니다. 흔히 대화를 할 때 사람들은 언어적 메시지뿐만 아니라 말하는 사람의 느낌과 태도 등의 메타메시지를 함께 전달하게 됩니다. 사람들은 상대방이 무슨 말을 하고 있는가라는 말의 내용보다는 상대방이 말하는 방식이나 태도 등에 더 민감하게 반응한다고 합니다. 이러한 맥락에서 본다면 성공적인 대화는 말하고자 하는 내용과 말하는 방식을 모두 고려하지 않고서는 이루어지기 힘들다고 할 수 있겠지요.

키워드#4 **소리 내어 읽기** 🎙
소리 내어 읽으면 우리 뇌가 바빠진다

읽기는 스포츠라고 말하는 독서 전문가들이 있습니다. 읽기에 스포츠처럼 활발한 요소가 있기 때문일까요? 소리를 내면서 글을 읽을 때 에너지 대사량 소비가 상당하다는 점이 스포츠와 닮았다는 것일 테지요. 책을 읽는 방법은 매우 중요합니다. 읽는 방법에 따라 작품에 대한 이해가 달라지지요. 어떻게 읽으면 흥미를 유지하면서 내용을 좀 더 깊이 있게 이해하며 읽어 낼 수 있을까요?

연령에 따라 다양한 읽기 전략으로 접근할 필요가 있습니다. 나이가 어릴수록 소리 내지 않고 눈으로만 읽는다면 중요한 내용을 빠트릴 수도 있고, 흥미를 유지하며 끝까지 완독하기가 힘들 수도 있습니다. 초등학생이라면 선생님이 읽어 주는 내용 듣기, 교사와 학생이 번갈아 가며 읽기, 친구와 번갈아 가며 읽기, 이런 방법들을 융합하여 교사가 앞부분을 읽어 준 뒤, 학생들과 한 문장씩 번갈아 가며 읽다가 학생들끼리 번갈아 가며 읽기로 전환하는 방법, 질문하며 읽기 등 여러 가지 읽기 전략들이 있습니다.

여기서 간과하지 말아야 할 것은 어떤 방법으로 읽든 눈으로만 읽는 묵독보다는 소리 내어 읽는 음독이 좋다는 것입니다. 학부모님들의 독서 모임에서 강의를 한 적이 있는데요, 자녀들이 책을 소리 내어 읽었을 때 어떤 점이 좋은지 물었더니 자녀가 책을 읽었는지 안 읽었는지 확인이 가능하다고 답해 모두가 공감을 하며 일소를 한 적이 있습니다. 특히 다인수 학급에서는 눈으로 읽게 하면 건성으로 읽고 다 읽었다고 하여 내용을 물어보면 모르겠다고 말하는 아동이 더러 있습니다. 그냥 흘려버리거나 놓칠 수 있는 단어와 문장도 소리 내어 읽게 되면 빠뜨리지 않고 읽게 되며 더불어 내용도 잘 기억하게 됩니다. 누구나 자신이 내뱉어 귀에 들린 표현을 훨씬 더 잘 기억하기 때문이지요.

뇌 과학적인 측면에서 보더라도 소리 내어 읽는 게 훨씬 더 유리합니다. 음독은 뇌의 사령탑인 전두전야뿐만 아니라 뇌의 여러 부위를 자극하고 활성화시키기 때문이지요. 전문가들은 만화책을 읽거나 게임을 하면 뇌의 뒷부분에 있는 후두엽이 주로 활성화되고, 음악을 들으면 측두엽의 일부인 청각 영역만 활성화되지만, 책을 소리 내어 읽을 때는 후두엽, 측두엽, 전두엽, 두정엽 등 대뇌 신피질의 여러 영역이 동시에 활성화된다고 합니다.

좌뇌에는 언어영역을 담당하는 두 영역이 있습니다. 바로 브로카와 베르니케 영역입니다. 어떤 글을 소리 내어 읽으면 베르니케 영역에서 단어의 시각적 이미지와 그 단어에 해당되는 소리가 연결되고, 거의 동시에 브로카 영역으로 전달되어 그 단어를 발음할 수 있게 해주는데, 이 두 영역은 말을 할 때 함께 작동합니다. 이렇듯 소리 내어 읽는 것만으로도 뇌의 여러 부위를 동시에 활성화시켜 뇌에 더 많은 자극을 주게 됩니다. 🖊

책 활용법 📝

이 책에서 제시하는 이야기식 독서토론은 총 3단계로 이루어져 있습니다. **1단계**에서는 책에 대해 아무것도 몰라도 할 수 있는 기본적인 이야기들, 이를테면 표지나 제목에 대한 자기의 생각을 자유롭게 말하게 되는데요. 내용을 몰라도 추측과 상상으로 서로 마음껏 이야기를 나누기 때문에 다들 부담 없이 참여할 수 있는 단계입니다. **2단계**에서부터 본격적으로 내용에 대한 이야기가 시작됩니다. '주인공은 왜 그렇게 했을까?', '그런 행동은 옳은 것일까?' 등등 책을 읽은 후인만큼 이제 구체적인 이야기를 할 수 있게 되죠. 질문을 만들 때에는 정답이 있는 질문으로 내용을 확인하는 것도 필요하지만 생각과 의견을 자유롭게 나눌 수 있는 질문을 만드는 것이 더 좋습니다. **3단계**는 내용에 대한 이야기를 넘어, 사회 문제와 연결 짓는 보다 고차원적인 사고가 필요해지는 단계입니다. 평소에 우리 삶을 돌아보고, 삶의 가치에 대해 이야기하는 것이 익숙지 않다 보니 많이들 어려워하는데 책을 읽으면서 '자신'과 가깝게 연결 지을 수 있기 때문에 꼭 필요한 단계라고 할 수 있습니다.

이 책에는 각각의 단계에서 어떻게 질문을 만들지에 대한
예시가 실려 있는데요, 저와 함께 이야기식 독서토론을 진행
한 학생들과 선생님들, 학부모님들의 생생한 반응을 그대로
적었습니다.

👪 아이들과 함께 책을 읽을 때 어떻게 할지 막막하셨던 선생님이나 학부모님

"평소 독서에만 관심을 가졌는데 이야기식 독서토론을 통해
토론의 중요성을 알 수 있었습니다. 아이와 책을 읽을 때 많은
도움이 될 것 같습니다."

"주어진 질문보다 직접 질문을 만들어 보고, 나아가 토론의 기
회를 가진다는 것이 흥미로웠다. 학생의 입장에서 유익한 수업
을 생각해 볼 수 있었다."

소감에서 알 수 있는 것처럼 이야기식 독서토론은 학생들뿐
아니라 어른들에게도 독서의 다른 경험을 만들어 줍니다. 그
동안 독서교육이 전문가만의 영역이라고, 다가가기 어렵다
고 생각하신 분들께 이 책에서 제시하는 단계별 활동들을 따
라가 보시길 권합니다. 질문 만들기가 어렵다면 제시된 질문
들에서 단어들만 살짝 바꿔 보면서 활용해 보세요.

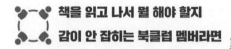

책을 읽고 나서 뭘 해야 할지
감이 안 잡히는 북클럽 멤버라면

"책을 읽고 궁금한 점이 있었는데 토론을 하면서 궁금증이 풀렸다. 찬반 토론을 하면서 친구들 의견을 듣고 생각이 바뀌었다. 다른 모둠 친구들은 어떻게 생각하는지 궁금하다. 친구들과 토론을 또 하고 싶다."

"자신의 생각을 돌아가면서 말하니까 재미있었다. 엉뚱한 생각이 나오긴 했지만 좋은 생각도 많이 나왔다."

학생들의 반응입니다. 평소 친해지고 싶었던 친구와 이야기할 수 있어서 좋았다는 학생도 있고, 질문 만들기가 어려웠는데 친구들의 질문을 보면서 배우기도 하고 자극을 받기도 했다는 학생들. 건강한 독서모임에서 우리가 바라는 딱 그 모습 아닌가요? 이 책에는 단계별 질문 만들기뿐만 아니라 놀이처럼 접근할 수 있는 방법들도 제시하고 있는데요, 글이나 문장표현이 어렵다면 자신의 감정을 대신해 주는 이미지를 골라 보는 것이죠. 218쪽에 있는 버츄카드나 185쪽의 포토스탠딩 같은 액티비티는 독서모임에서 말하는 것이 부담스러운 사람들도 손쉽게 참여할 수 있는 접근법입니다. 본문에 소개된 그림책들은 아이들뿐만 아니라 청소년들과 성인 북클럽에서도 두루 읽히고 있습니다. 그림책, 소설, 논픽션,

카툰, 영화, 미디어 영상 등 다양한 장르로 토론이 가능한 점은 이야기식 독서토론의 큰 매력이기도 합니다.

📖 글쓰기가 고민인 분이라면

"처음 그림책을 보았을 때는 잘 몰랐는데 이야기식 독서토론을 하니 내용도 기억이 잘 나고 책이 전하는 것도 알 수 있었다."

"나는 책을 읽는 것을 싫어하지만 이렇게 책을 읽고 친구들과 토론을 해보니까 재미있는 것 같다. 글도 써야 해서 힘들 것 같았는데 생각보다 재밌다."

학생들의 소감을 들으니 글쓰기의 필요성이 느껴집니다. 글로 쓰면 더 잘 기억하게 되고, 내용을 자기 것으로 만드는 일이 더 쉬워지죠.

이 책에서 제시하는 3단계 질문 만들기 이후에 글쓰기 단계가 있습니다. 많은 사람들이 글쓰기를 어려워하는데요, 단어 하나, 문장 하나에서 시작해서 자신의 생각을 다듬어 가다 보면 어느새 글 한 편을 완성하게 됩니다. 85쪽과 161쪽처럼 카드를 사용해 키워드에 맞는 짧은 글쓰기를 해보는 것에서부터 151쪽과 208쪽에 있는 것처럼 자신의 의견을 담은 글쓰기를 해보는 것도 도움이 될 거예요. 좋은 글, 좋은 책을 읽는 것도 중요하지만 자신이 말하고자 하는 바를 문장으로 표현할 수 있을 때 비로소 우리의 사고가 정리가 됩니다. 학생들은 물론이고 어른들도 이 책에서 제시하고 있는 글쓰기를 따라가면서 글쓰기에 대한 두려움을 극복해 보세요!

이야기식 독서토론이 아직 낯선 여러분에게

지금은 키도 생각도 훌쩍 커 버린 아들이 초등학교 때 토론 캠프에 다녀온 적이 있습니다. 캠프가 끝나고 아들을 데리러 갔는데 고작 일주일 떨어져 지냈을 뿐인데도 어찌나 반가웠는지 모릅니다. 그런데 그것도 잠시, 동해안을 따라 내려오는 길에 무엇을 정할 때마다 내내 의견이 분분하였습니다. 그렇게 의견이 갈릴 때마다 아들이 토론을 해보자고 제안을 하는 것이었습니다. 후에 그런 여파는 짧게나마 가족독서토론으로 이어지기도 했는데요. 그때만 해도 몰랐습니다. 이야기식 독서토론을 이렇게 신나게 알리게 될 줄은.

　우연인 듯 필연인 듯 이야기식 독서토론을 만나 강의를 다니며 많은 선생님들을 만났습니다. 원래 어디가나 뭘 해도 심드렁한 반응을 보이는 사람들이 있기 마련인데, 이 토론을 진행하는 과정에서는 그런 분을 찾아보기가 힘들 정도로 호응도가 기대 이상이었습니다. 독서토론 연수에 참여하신 선생님들은 누군가와 책에 대한 이야기를 나누며 예상 밖의 즐거움을 느꼈고, 생각과 관점의 차이가 주는 신선함을 경험했다고 합니다. 상대의 진지한 질문을 통해 자신의 내면을 들여다보는 치유와 성찰의 시간이 되었다고도 합니다. 그리고 그 즐거웠던 경험을 자신의 주변 사람들과 함께 느껴 보고 싶다는 소감을 이야기해 주셨습니다.

현장에서 느꼈던 공감과 감동의 순간을 이 책에 그대로 담아내기엔 턱없이 부족함을 느낍니다. 하지만 책과 토론과 더불어 조금씩 변화하는 경험을 통해 자신의 삶을 성찰해 가는 것이 무엇보다 중요하기에, 설레는 마음으로 더 많은 사람들과 이야기식 독서토론으로 소통하는 문을 열어 볼까 합니다. 이 토론을 함께했던 많은 사람들이 단지 누군가와 이야기를 나누는 것만으로도 행복했으리라 확신하며….

독서토론에 사용된 책들

윌리엄 스타이그, 『치과의사 드소토 선생님』, 조은수 옮김, 비룡소, 1995

이규희 글, 신민재 그림, 『가을이네 장 담그기』, 책읽는곰, 2008

안미란 글, 정진희 그림, 『어린이를 위한 정의란 무엇인가』, 주니어김영사, 2011

김리리 글, 이승현 그림, 『만복이네 떡집』, 비룡소, 2010

윌리엄 밀러 글, 존 워드 그림, 『사라, 버스를 타다』, 박찬석 옮김, 사계절, 2004

윌리엄 스타이그, 『아모스와 보리스』, 김경미 옮김, 비룡소, 2017

유설화, 『슈퍼 거북』, 책읽는곰, 2014

유다정 글, 박재현 그림, 『투발루에게 수영을 가르칠 걸 그랬어!』, 미래아이, 2008

임은하 글, 정용환 그림, 『복제인간 윤봉구』, 비룡소, 2017

멧 데 라 페냐 글, 크리스티안 로빈슨 그림, 『행복을 나르는 버스』, 김경미 옮김,
　　비룡소, 2016

사라 스튜어트 글, 데이비드 스몰 그림, 『리디아의 정원』, 이복희 옮김, 시공주니
　　어, 2017